晃平くん「いのちの差別」裁判

重度障害者の〈生命の価値〉を認めて

藤本文朗・中谷雄二・岩月浩二 編

風媒社

重い知的障害があった少年が死亡した事故を巡る裁判で、将来働いて得たと予想される「逸失利益」を賠償金に盛り込んだ和解が名古屋地方裁判所で成立しました。……

この裁判は、5年前、重度の知的障害などがあった名古屋市の15歳の少年が、施設で階段から転落して死亡した事故を巡るもので、施設側が将来働いて得たと予想される「逸失利益」をゼロとしたのに対して、遺族は「命の価値は同じだ」と争っていました。

名古屋地方裁判所で話し合いが行われた結果、少年が将来、仕事に就けた可能性を認めたうえで、逸失利益の額を障害年金の受給額を基準に770万円余りとすることなどで和解が成立しました。……和解を勧告した倉田慎也裁判長は、30日の法廷で「生命の平等を訴える遺族の主張を踏まえ、公平な分担をすべきと考えた」と述べました。

記者会見した母親の伊藤啓子さんは「息子は『全く働けない』と断言されてきましたが、きょうの和解で将来働ける可能性が認められ、満足しています。息子にもいい報告ができます」と話しました。また、母親の弁護士は「障害児の逸失利益をめぐって、同じように苦しんでいる人たちに今回の和解がいい影響を与えてほしい」と話しました。……

（「ＮＨＫニュース」２０１２年3月30日放送より抜粋）

2年（平成24年）3月30日（金曜日）
中日新聞
障害児 逸失利益770万円
施設側支払い「命の差別」訴訟 和解
名地裁
朝日新聞
障害児の逸失利益認定
万円
日本経済新聞
障害児 逸失利益含め和解
死亡事故訴訟 就労可能性認める
名古屋地裁

和解を報じる新聞記事

晃平くん「いのちの差別」裁判◉目次

晃平の思い出　伊藤　啓子　6

生命の賠償に平等を求めて　岩月　浩二　44

晃平君の16年間の足跡をたどって　藤本由紀子　97

コラム　支援のすすめ　竹内　彰一　140

生命の権利と差別 ―障害者を取り巻く社会的状況―　中谷　雄二　150

コラム　医療がひらく未来 ―医師、療育者の立場から―　堀江　重信　168

重度障害者は生きていても社会的利益にならないのか　藤本　文朗　177

あとがき　206

晃平の思い出

伊藤　啓子

はじめに

晃平（コーヘイ）。平成19年12月22日、死亡。享年15歳11ヶ月。
晃平は、私たち家族にとっては、大事な家族。かけがえのない家族でした。
重度知的障害とか自閉症とか、そんなものは世間が貼ったレッテルに過ぎません。

晃平は、ある福祉法人が運営する障害者支援施設のショートステイを利用中、階段からの転落事故で命を絶たれました。施設の職員2名が付き添っていたにもかかわらず、です。
晃平が突然、死んだ冬、1ヶ月近く、私にはほとんど記憶がありません。ただ、朝が来て、夜が来て、そうして日々は過ぎて行きました。家族は皆、朝が来るので起き、夜が来るので寝て、時計が進むので機械のように食事をする。いろいろな人が晃平の弔問に訪れる。私は対応をしている。実感もなく機械的に反射している。

何もかも失ってしまい、ただ呆然としている私を家族は心配して、決して一人にしないようにしていました。家族は、私の気分を変えようとして、外へ連れ出したりしたようですが、私には靄《もや》に包まれたような漠然とした印象しか残っていません。

そんな日々の中で、覚えていることがあります。施設が加入している保険会社から、逸失利益はゼロだとする連絡がありました。晃平の場合、重度の知的障害があるから、将来も働けない。収入が得られないのだから、「逸失利益」はゼロということでした。私は晃平は必要のない人間だと言われたと感じました。

晃平の存在が否定されたことに、私自身の命や人生が否定されたように感じました。

命の差別が、存在します。

晃平を連れて外出すれば、街の人が私たちを好奇の目で見ます。晃平を指さすあからさまな差別のまなざしに晒《さら》されることもあります。そんなことには馴れていました。

しかし、人のミスによって命を奪われたのに、晃平には生きる価値がないものとしてしか評価されないのだとされたことは絶対に許せませんでした。

私が、生涯、無縁だと思っていた裁判をすることになったのは、その一念です。

事故

突然の事故

「晃平君が階段から落ちて、脳しんとうで意識がない。救急車を呼びました。病院に着いたら、また電話します」

平成19年12月22日、早朝5時30分、施設からの突然の電話。

それから約30分後、「名古屋第一赤十字病院です」との電話。「晃平の状態はどうなの」「呼吸も脈拍も正常です」。

私も子どもも、動転してとても運転できる状態ではありませんでした。近所に住む姪に頼んで、車を運転してもらい、たいしたことはないと言い聞かせながら、子ども2人（二女・里奈、長男・豊）と病院に向かいました。

集中治療室に横たわった晃平の外見には何も傷はありませんでした。まるで今にもすぐ起き出して、いつものように笑顔を見せてくれるようでした。しかし、チューブにつながれた晃平が起き上がることはありませんでした。横たわっているのがいつもの晃平なら、こんなチューブ、絶対に嫌がって外すに違いありませんでした。

ドクターがレントゲン写真を並べて、「脳の血管が破れて脳の中が血だらけで、脳幹も大きなダメージを受けている。脳がゆさぶられてぐちゃぐちゃになっていて、処置しようがない。あと数時間かもしれないので、会わせたい人がいたら連絡してください。まだ若いから、奇跡がないわけではないので、それを期待しましょう」と告知されました。

やがて長女夫婦も病院に駆けつけ、私たち家族は黙ったまま晃平を見つめていました。事故を聞きつけて相次いで訪れる先生や友人などへ、私は機械的に医者の説明を繰り返していました。何人か施設の人も訪れました。「すみませんでした」との言葉はとってつけたようでした。言い訳をしようとする職員は、同行した上司から「今となってはありのまま説明しましょう」となだめられ、「寝てました」と言いました。私はぼんやりと聞いているだけでした。

長い時間が過ぎました。私には、晃平が、もっと遊びたい、もっと素敵な物が見てみたい。もっと大好きな家族や養護学校の先生やヘルパーと一緒にいたいと話しているのが聞こえるようでした。笑顔が素敵な晃平、偏見なく遊んでくる人とは、どこまでも仲良くなってしまう人なつこい晃平。しかし、晃平の笑顔が戻ることはありませんでした。午後8時10分、ドクターから晃平の死亡を告知されました。

晃平を失った家族

私たち家族は笑いの絶えない家族でした。4人兄姉の末っ子の晃平は、いつも家族の中心にいました。晃平の行動に家族が思わず笑い、家族が笑うのを見て、晃平も喜んで笑う。晃平がいつも家族の笑いを広げてくれていました。

晃平のいない家族はとてもうつろで、私たちは晃平がいなくなったことを受け入れられませんでした。晃平はどこかに行っているだけで、きっと帰ってくる、そんな思いの中で、家族は呆然として過ごしました。私たち家族はもともとても明るい家族です。だから、そんな日々でも誰かがおかしいことを言ってみて、笑ったりしていましたが、それは心のない機械のような笑いでした。

障害児の親たち

晃平を失った後、私の様子は、はたから見れば普通に見えるようでした。心配した友だちから「大丈夫？」と電話が入れば、「大丈夫よ」と答えていましたが、逆縁で子どもを失った母親が大丈夫でも元気でもあるはずがありません。

そんな電話の中、「お金が入ってよかったね」と言葉をかけられたことがありました。重度障害児を抱えて暮らすことから解放された上、お金も入るしよかったねという意味でしょう。親しい友人でしたから、慰めのつもりで言ったことでしょう。でも、それはあまりにもかけ離れた言葉でした。私にとって、晃平は、自慢の息子、最愛の息子、かけがえのない宝物なのに。

その後まもなく、その友だちは、わたしから去っていきました。

彼女だけではなく、多くのママ友がこの頃、いっせいに私から去っていきました。

障害児を受け入れてくれる仕事場も作業場も、とても限られています。晃平が亡くなった施設を運営する福祉法人は、作業所も開設していて、地元の養護学校の子どもたちを受け入れてくれる数少ない施設の一つでした。晃平の事故が起きて、施設と対立する関係になることを恐れて、みな私から去っていきました。障害児を抱える親の立場は、とても弱いのです。

私には、友人だと思っていた人たちから、施設で死亡した晃平が悪いと言われているように思えました。

晃平のこと

出生

晃平は、4人目の子どもとして、平成4年1月22日、尾張旭市の産婦人科で午前0時30分頃生まれました。

晃平は、すぐ上の豊が幼稚園に入り育児の手が少し空いたので、子どもがほしいと願って、やっと授かった待望の子でした。私は、上の子どもが、長女、二女、長男の順だったので、姉

生後9ヶ月の頃

妹同士、兄弟同士仲良くできるといいと思っていました。今度は男の子がいいと思っていました。待望の男の子だったので、「晃平」という名前にすることにしました。晃平が生まれたとき、とても元気な産声を上げました。私は嬉しくなって、思わず「よく出てきたね。晃ちゃん」と声をかけました。

翌朝早々には、夫が運転する車で、長女知里《ちさと》、二女里奈、長男豊が来てくれて、晃平に会いました。同じ日に私の姉と姪（晃平のいとこになります）や私の兄夫婦も訪れて晃平の誕生を祝ってくれました。もちろん私の両親も来てくれました。みんなが晃平が生まれたことを喜んでくれました。

夫は、この後、晃平の障害が受け入れられずに家を出て行くことになりますが、このときは、私が願ったとおり男の子だったので、「よかったね」と言ってくれました。

発育の様子

晃平は、夜泣きもせず、風邪もめったにひかない丈夫な子でした。私は、4人目の子育てということで慣れていたので、晃平を育てるのは楽しみでした。

晃平は、姉や兄と同じように、順に首がすわり、寝返りもできるようになりました。ハイハイや、お座り、つかまり立ち、伝い歩きもできるようになりました。この頃までは私は何の心配もしていませんでした。晃平は、よく動く活発な子で、家族はみんな晃平が大きくなるのを楽しみにしていました。

小さな頃好きだったこと

晃平が2歳半の頃、家族で沖縄旅行に行きました。晃平は乗り物が大好きだったので、初めての飛行機にうきうきしていました。泊まったホテルには大きなプールがあって、嬉しくてたまらなくて、大はしゃぎしていました。

晃平は動くことが好きな子で、寝ているとき以外はいつも動き回っていました。車の中でも動き回ろうとするので、手を焼きました。

晃平とはよく手をつないで出かけました。喜多山駅（名古屋市守山区）にあるスーパーが自宅から近いので、手をつないでよく買い物に行きました。スーパーの目の前に踏切があり、電車がすぐそばを通るのが、晃平にはとても面白くて、「でんしゃ、行っちゃった」と指さして私に言いました。私は晃平が喜ぶので、買い物でなくても電車を見に散歩に連れて行ったりしました。

晃平は、姉や兄より腕白な子で、好奇心が旺盛な子でした。興味のある物を見つけると、それしか見えなくなり、一目散に追いかけて行きました。電車を追って走って行ったり、たんぽぽを見つけると近くでしっかり見るために走っていきました。

晃平は、珍しい物が好きで、探検が好き、家の中より外の方が好きでした。

晃平が好きな歌は、チャゲ&飛鳥の『YAH YAH YAH』でした。

言葉が急に出なくなった。

晃平は2歳半くらいの頃、急に話さなくなりました。私は、たまたましゃべらなくなったのかなと思い、とくに気にも留めませんでした。

晃平が風邪をひいて小児科の先生にみせたとき、先生は私に「この子しゃべる?」と聞きました。私は「家でもしゃべらない」と答えましたが、先生は「晃平君と呼ばれれば、目を合わせるので、また時期が来ればしゃべり出すから、心配いらない。大丈夫だ」と私に言いました。

晃平は3歳頃になっても言葉が戻りませんでした。

私は心配になり、保健所に相談に行き、児童相談所で詳しく調べてもらうことになりました。

その年の4月頃に、私は晃平を連れて、児童相談所に行きました。

このとき児童精神科の医者から初めて「自閉的傾向」があると言われました。

私が「どうしてこの子はしゃべれないのですか」と聞いたら、医者は「ひとり遊びが好きなのか、しゃべれないからひとり遊びが好きなのか、どちらかだけど、またそのうちにしゃべり出しますよ。もうちょっと様子を見てみましょう」と言いました。

先生は、「そのうちにしゃべり出しますよ」と言ってくれ、私もそう思うことにしていましたが、でも、先生が遠回しに「晃平に障害がある」と言われているのだということはわかりました。さすがにこのときは、私もショックを受けました。

普通の幼稚園には通えないのがわかり、知的障害児が通園する、千代田学園に通うことにしました。

千代田学園（知的障害児の幼稚園）

晃平は4歳から6歳まで千代田学園に通いました（平成8年6月から平成10年3月）。

千代田学園には、いろんな知的障害を持った2歳から6歳の子ども30人くらいが通っていて、晃平は午前10時から午後4時までここで過ごしました。自宅の近くのバス停で通園バスに乗せて通園させました。

入園の当初1ヶ月ほど母子通園が必要でしたが、私は晃平を障害児だと認めたくなくて、なんだかんだと言い訳をつけて休んでしまいました。

そんな私が、晃平が障害児であることを受け入れることができるようになったのは、同じ千代田学園に通う子どもの親たちの笑顔でした。千代田学園に通う子どもたちは、近所のバス停に集まってそこから通園バスに乗ります。そこでは、他の子のお母さんたちが本当に明るい笑顔で私と晃平を迎えてくれました。障害児を子どもに持って、同じ悩みを抱える仲間として、お母さんたちは、障害があっても子どもの大切さは何も変わらないよという気持ちを伝える笑顔で、私を迎え入れてくれたのです。それぞれが、わが子が「障害児」であるという悩みをくぐり抜けてきたからこそ出てくる笑顔でした。

晃平の母子通園期間が終わった後、お母さんたちとは、通園バスを見送った後に、喫茶店でおしゃべりタイムを持ち、子どものことを話したり、たわいない時間を過ごすのがとても楽しみな時間になりました。お母さんたちのおしゃべりでは、他人の悪口が全く出なかったことが、とても印象的でした。

私が通園拒否した千代田学園でしたが、晃平は一度もいやがることなく、喜んで通いました。私と離れることをもっと嫌がってくれてもいいのにと、何だかねたましくなるほど、晃平は学園の先生たちが大好きでした。

晃平は、とくにI先生（女性）が大好きでした。I先生に「晃平！」と叱られると、やっていたことをすぐにやめたそうです。晃平は、大好きなI先生といつも一緒でした。

この頃、晃平は、靴をはけるようになりました。私が、先生から晃平に靴を履かせるには、靴の後ろにひもを通して引っ張ることができるようにしたらいいと教えてもらい、晃平はひもをひっぱって自分で靴を履けるようになりました。

その後まもなく、私は、パンツやズボンをセットにして並べ、順に「パンツ」、「ズボン」と指示することを始めました。晃平は、言われた順番に、足を入れて、はくことができるようになりました。ただ、パンツを上げ過ぎたり、ねじれたりするので、私が直していました。

晃平は先生と仲がよいので、手をつないで学園から外へ出て散歩するのが好きでした。水をばしゃばしゃするのも好きでした。ばしゃばしゃすると水がきらきら動くので、とても面白かったようです。

晃平は年長クラスのとき（平成9年5月15日）に愛護手帳を交付されました。

晃平がいろんなことができるようになり、先生とも仲良くできたので、千代田学園を卒園する頃（平成10年3月）には、私は、普通学校の障害児学級に進学させようか養護学校に進学させようか迷うくらいでした。

守山養護学校小学部（平成10年4月〜16年3月）

千代田学園の先生は、何でもチャレンジする意味で普通学校も考えられると私に言いました。でも、児童相談所の主治医は、晃平は動き回ってしまうので、普通学校では外へ出ていってしまって危ないと思う、養護学校なら全部の門に鍵が付いているから、安全だと思うとの意見でした。主治医の意見はもっともで、私は晃平を養護学校に通わせることに決めました。

守山養護学校の小学部には50人くらいの生徒がいました。晃平のクラスは10人くらいでした。私が毎日送り迎えをしました。お迎えのとき、いつも先生から晃平の様子を聞いていました。

晃平は、本番に強いので、運動会の徒競走や障害物競走では、ちゃんとゴールまで走ることができました。しかし、面白がっているふうではありませんでした。先生から言われるから、言うとおりにするという風でした。

晃平は、小学部5年生のとき、中津川にある名古屋市の野外学習センターで初めて家族から離れて泊まり体験をしました。晃平が大好きなN先生は私に「晃平君と一緒に楽しんできます」と言ってくれて、私も安心して送り出しました。

後で先生から、大好きなバスの中も楽しんでいたし、みんな一緒にお風呂に入るのも初めてだったので、面白がっていたと聞きました。とくにキャンプファイアの火が燃えているのはとても珍しくて、晃平はじっと見入っていたそうです。

小学1年生。七夕の催しで

晃平はいつもと場所が変わると食べられなくなるので、中津川ではご飯は食べられませんでした。

小学部2年のときの先生はおばさんの先生で、ずっとしゃべり続けている方でした。晃平は、先生が好きになれなくて、半月くらい登校できませんでした。しかし、その先生が担任だったとき以外は学校へは楽しそうに通っていました。

晃平は、小学部6年生から中学部1年生頃にかけて、自分でタンスからパンツを出してはくようになりました。しかし、前・後ろまではわかりませんでした。

中学部（平成16年4月～19年3月）

どんどん伸びた中学部時代

平成16年4月、晃平は小学部を終えて、守山養護学校中学部に進学しました。

中学部になるとクラスの人数が増えて、3年生のときには17、8人くらいになりました。

晃平は、中学部を通じて、めざましく成長していきました。指示されたことができるようになったり、落ち着いて一つのことに集中したり、いくつかの動作が組み合わさった一連の段取りも（例えば食器をかたづけて洗い、元に戻す）一つ一つの指示がなくてもできるようになりました。

晃平は、中学部の間、ずっと先生と手をつないでいました。晃平はいったん先生が気に入ると、ずっと先生に付いていました。

晃平は動くことが好きなので、男の先生と若いお姉さんの先生が好きでした。晃平のことを少し乱暴に振り回して遊んでくれるのが楽しかったようでした。

作業実習・学校生活等

中学部の授業は、将来に備えた作業実習が中心でした。

晃平は、小学部の頃は、よく動き回って目が離せない子と言われていましたが、中学部に入ってからは、作業実習の時間、先生に言われた通り、椅子に長く座っていることができるようになりました。

作業実習は学年で一番よくできたこともありました。好きな先生の言うことだと晃平は頑張る子でした。

作業実習では、中1のときは、花クラブの先生に言われて、校庭のハーブを採り、ハーブティーや石鹸やクッキーを作りました。乾燥させる作業は、パットに布巾を置いて、葉を一枚ずつ広げて並べるという根気のいる作業です。それでも、先生と一緒に少しずつできるようになっていました。

中2のときは、ハッピークラブの先生に言われて、ボルトにネジをはめたり、穴にネジを入れたり、貯金箱にコインを入れたりしました。

中3のときは、また花クラブでした。

中1のときから調理実習がありましたが、晃平はあまり好きではありませんでした。しかし、先生がこうしなさいと言えば、包丁を使ったり、食べ物を混ぜたり、食べた後に片づけをしたり、食器を洗ったりしていました。洗い物を自分で運んで洗って拭いて戻すということも覚えました。きちんとできているわけではありませんが、一連の動作として、そうしたことができるようになりました。食器を返しに行くぞと先生から声をかけられれば、先生に付いて、食器を持って違う部屋へ行き、また戻ってくるということもできるようになりました。

中2の2学期にはこんなこともありました。中学校では毎朝、全員がそろって朝の会をし、生徒が立候補して司会をすることになっていましたが、「今日の司会をしてくれる人」と先生が呼びかけたら、晃平がすっと立って、それなりに司会をこなし、終わったら自分で席に戻るという一連の動作をスムーズにこなしたというのです。自発性も出てきて、先生が、初めての発見だと本当に驚いた様子で教えてくれました。晃平が本来の姿になれば、きっとこうしたことがどんどん起きてくるに違いありませんでした。

3年生のときには、おもちゃの編み機でナイロンたわしを作るという作業を1人でできるようになりました。一気に作ったと言って、先生はとても喜んでくれました。晃平にとっては好んですることではなかったので、一気に仕上げたのは仕事としてやり遂げたということで、素晴らしいことですよと先生から言われました。以前の晃平なら、やりたくないことには見向きもしませんでした。

晃平は帽子が嫌いでしたが、中1の頃から、帽子もかぶるようになりました。先生がつばを後ろに回してかぶらせたり、つばを上げたりして、晃平の嫌いなつばが目に入らないようにしてくれたからです。

また、帰る時間には、かけ声があれば、カバンを机の上に置き、体操服から私服に着替え巾着袋に体操服を入れて、カバンにしまうことができるようになりました。

こうして晃平は、中学部を通じて、逐一指示されなくても、状況を理解して、そのために必要な一連の行動をとることができるようになっていったのです。

集中

晃平は、中学部の授業では、言われたことは全部できるようになりました。他の子ができて晃平だけができないということはありませんでした。

最初は5分からでしたが、だんだん10分、20分と集中できる時間も延びていき、先生の言うこともちゃんとできるようになりました。

先生も、中学の3年間でぐっと伸びたねと言ってくれましたし、私もそう感じていました。

晃平が、先生や私が言うことを理解しようと努力している様子がよくわかりました。自閉症が治るのではないかと思うくらいの勢いで伸びていました。

3年間ずっと晃平の大好きなT先生が見てくれたので、晃平は、T先生を喜ばせたくてT先生の言うことをよく聞くように頑張っていました（T先生は中1、中3の担任です。中学部のフロアは3学年同じだったので、T先生は晃平のことを中2のときも見守ってくれました。中2のときに違う担任になったときも担任はT先生の助言で晃平を指導していました。中学校に入って初めての保護者会のとき、T先生は皆の前で「まずは人として信頼関係を作っていくことから始めたいと思います」と言われました。「障害児」としてではなく「人」として向き合う姿勢が伝わってきて、私は「いい先生だな」と思いましたが、私の直感は当たりでした）。

晃平は、中学校を通して、落ち着き、状況を理解するようになり、集中もできるようになってきたので、高校1年ときには、初めて1時限を通して座っているということができるようになったのです。

中学部当時の家族の思い出

日常生活でも、中学校に入ってからは、いろんなことができそうだなという気配がありました。

それまでは服を脱いだり、着たりするのは、手伝わなければ出来なかったのですが、一人でできるようになりました。お風呂は危険なので、一緒に入りますが、呼ぶとお風呂まで来て、服を脱いで脱衣かごに服を入れてタオルに石けんを付けて洗おうとし、洗ったら、洗面器で湯をかけてすすぐようになりました。お風呂から出たら、体を拭いて、パンツをはいて、部屋へ戻ったらパジャマを着るようにもなりました。体を洗うのも、すすぎも、拭くのもちゃんと出来るわけではなく、私がやり直すわけですが、段取りを理解して自分でやろうとするようになったのは大きな進歩でした。

中学1年生。太鼓の稽古

守山養護学校高等部（平成19年4月～12月）

晃平は、高1のときには出かけるとき当たり前に帽子をかぶることができるようになっていました。

また、長く座っていられるようになり、落ち着くこともできるようになりました。

私は、晃平が一つずつでもできるようになることがとても楽しみでした。少しずつでも晃平なりに発達していくことが何よりの喜びでした。

晃平も頑張って、いろんなことができるようにしようと、努力しているように見えました。

高1のときの担任はC先生でした。私は、晃平が、親しい先生には、いつも、まとわりつく子だったので、高校になってからは、1人でいられるように指導してもらうように頼みました。C先生は私に、「晃平君は、野放しにしてもいいので、他の子に付こうか」と言ったことがありました。それくらい晃平は落ち着いていられることができるようになっていたのです。

晃平が落ち着いてきて、いろんな人に相手になってもらうことができるようになったので、私は中3の頃から、晃平にヘルパーを付けるようにしました。いろんな人に慣れるようにしたかったからです。晃平は、ヘルパーのお兄ちゃんも大好きで、毎日、ヘルパーのお兄ちゃんが来るのを楽しみにしていました。

ゆっくりですが、晃平は着実に成長していました。とくに中学に入ってからは急速に成長しており、先生方も成長が著しいと言ってくれました。

晃平と家族

晃平の子育て

私にとって、晃平の子育ては全然負担ではありませんでした。そう言うと、ほとんどの人は、意外に思うようです。私には、その方が不思議でした。

確かに遅かったかも知れませんが、晃平は、上の子たちと同じステップをたどって、成長していました。私にとっては、早いか遅いかという違いだけでした。いつできるかなと思いながら待っていれば、晃平は、成長の確かな足跡を見せてくれるのです。それは上の子たちの子育てのときには、あっという間に過ぎてしまう瞬間が、ゆっくりと訪れる、その度に私と子どもたちは、「できた」ということに驚いて笑い、晃平も笑うという感動の毎日でした。晃平を見ていると、普通の人には当たり前の成長、一つのステップを超えるということが、とても大変なことがよくわかります。成長することの感動を絶えず、与えてくれたのが晃平でした。

養護学校では、幼稚園や保育園のように担任の先生との間で、毎日連絡帳をやりとりします。連絡帳には日々の晃平の学校での成長の様子が書かれています。私は先生に感謝しながら、家での晃平の様子を伝えました。晃平と11歳違う長女の知里は、毎日、学校から帰ってくると、真っ先に晃平の連絡帳を読むのを楽しみにしていました。晃平は晃平で長女が学校から帰ると、待ちかねたように駆け寄って抱きついていく毎日でした。

無理にさせようとしなくても、晃平は私のことを理解してくれます。固まってしまっているときには、必ず理由があるので、待ってやります。無理に何かをさせようとすれば、怒るのは誰でも同じだと思います。パニックになっているときでも無理に押さえつければ、押さえられたことでパニックがひどくなるので、やっぱり待ってやることしかできません。晃平は晃平なりにどうしたらいいのか考えているのです。

見ていれば、晃平が何かに困っているときはわかりますから、困っているときには手助けしてやるだけ。晃平の気持ちを尊重する。自分がさせたいことを、無理に手を出してさせようとしないのが私流の子育てでした。

私は晃平の全てが好きでした。晃平には他の子たちとは違う晃平の世界がありました。障害児独特の仕草も私にはかわいらしくてなりませんでした。

そんな晃平の笑顔や成長を見るのが、私の最大の楽しみでした。

そんな私の喜びを施設は永遠に奪ってしまったのです。

家族旅行

私の家族は、毎年、姪夫婦や父母などと大集団で家族旅行するのが恒例行事でした。

晃平の障害がはっきりしてからというもの、どうしたら晃平を怯えさせたり、飽きさせないで、旅行に行けるか、また、晃平だったら何が楽しいだろうかを考えて旅行を計画するようになりました。

水が好きな晃平には、大きなお風呂のある宿がいい、サービスエリアでは晃平が遊べるように公園があるといい、食べる環境があまり変わると食べられないからバイキングは避けて部屋で食べられる宿にする、道中の食堂もパーテーションのある食堂を探す、落ちるといけないからベッドは避ける等、みんなで意見を出し合って、いろいろ想定して行く先や宿を決めます。選択肢が狭まるというより、家族はこれを晃平向けの「作戦」と呼んで、今度はどれだけうまくいくだろうと、作戦を立てるのを楽しんでいました。旅行は晃平にいろいろな経験を積ませて社会で生活できるようにステップを積んでいく過程でもありました。みんなが晃平の成長を楽しんでいたのです。楽しみでこそあれ、負担と感じたことはありませんでした。

うまくいったりいかなかったりでしたが、中学部1年生の夏に和歌山県の白浜に行ったときには、すっかり落ち着いていました。片道6時間以上もかかるドライブが必要でしたが、落ち着いて機嫌を悪くすることもありませんでした。サービスエリアで車から降りるときも、みんなが降りるのを察して自分で降りていました。他のみんなが思い思いに食事を取ったり土産物を見たりしているときも、「待っててね」といえば2時間も待っていることもできるようになっていました。このときはアドベンチャーワールドを一日中、歩いて回りましたが、嫌がることもなく、落ち着いていました。

少しずつですが、晃平が落ち着いていくことが確認できて家族はみんな「晃平、絶好調だね」と喜び合いました。私も子どもたちもこれが晃平の本当の姿なんだと思いました。

夫のこと

晃平が小学部5年生の11月に、夫は家を出て行きました。夫は、晃平の障害を最後まで受け入れることができず、晃平のことにはいっさい構おうとしなかったため、晃平中心に生活をする私や他の子どもたちと、夫の考えることが一致せず、夫は家を出ることになりました。

夫は上の子どもたちの子育てのときも、私のしつけが悪いと非難を繰り返していましたし、些細《ささい》なことで子どもたちを怒ったりする人でした。私は、子どもたちを、ありのままに受け入れて、素敵なところがあれば、素直に感心しているだけでした。人に迷惑をかけるようなことや、失礼なことはやめるように言ったとしても、それ以外では、その子たちのやりたいことをやらせていました。子どもたちが何か理解できないことをしているとしても、きっと理由があるので、私は自分の考えで決めつけるということをしませんでした。そんな私の育て方が、夫には気に入らなかったのです。

そんな夫は、障害のある晃平をまったく愛していませんでしたし、ただのお荷物だったようです。晃平の障害がはっきりするようになると、夫は、「どちらのせいで障害児が産まれたのか調べよう」としきりに繰り返すようになり、障害のある晃平を決して受け入れようとはしませんでした。私にとっては、障害がどちらのせいか、どちらのせいでもないのか、などということは問題ではありません。晃平が少しでもいろんなことができるようになり、晃平の世界が広がっていくことを助けてやることだけ考えていました。晃平の障害がきっかけになり、二人の考え方はまったく異なることがはっきりし、夫婦の溝は埋めようもないものになりました。

晃平の発達

私は晃平が将来、働くことを疑ったことはありませんでした。

社会で働くためのステップとして、家族から離れて、先生以外の大人と一晩を過ごす経験をさせようと、ショートステイも利用したのです。それなのに、晃平は、そのために命を奪われてしまいました。

私は、晃平がいつか話し出すときが来ることを信じて疑いませんでした。もう少しで話し出すところで命を絶たれたのです。

晃平は、小学部のごく一時期を除き、担任の先生には、本当に可愛がってもらいました。中学部から高等部にかけては、ずっと成長して、授業中にずっと着席していたり、作業実習で何個もナイロンたわしを作ったりできるようになりました。

晃平が亡くなったのは、クリスマスイブの直前でした。お祝い事の好きな家族は、晃平を喜ばせようと、いろいろ趣向を凝らし、特大のケーキも注文してありました。クリスマスイブは、葬儀の日になりました。私たち家族にとって、クリスマスイブと聞くと、毎年、晃平の事故のことを思い出し、みな精神的に不安定になる時期になってしまいました。

ショートステイの利用

晃平は、事故が起きた施設を高等学部1年の10月から毎月1回、利用していました。施設の利用契約に当たって、施設職員の若い男性と面談しました。晃平は、興味を持つと、突然、飛び出したり、予測不可能な行動に出ることを説明して、いつも手が届くところで、危ない行動はすぐ制止できるようにしてもらいたいと丁寧に説明しました。身体に障害はありませんが、危ないことがわからないので、身体障害者のように全介助でお願いしますとお願いしました。

ショートステイを体験させようとしたのは、私や先生方がいなくても、知らないところで知らない人とも過ごせるようになれば、晃平が体験できる世界が広がる、晃平が社会へ出られるようにしたいとの思いからです。

晃平は10月27日、11月22日と、施設に泊まりました。二度とも、ぐずることもなく、自然に私から離れて施設の建物で職員に手をつながれて私と別れました。迎えに行けば、喜んで向かってきました。

3回目に施設に預けたときに、事故が起きました。

このとき、晃平が何か寂しげな表情で、私を振り返った姿が、私の脳裏から消えません。今になっては、晃平が私に別れを告げているように思えてなりません。

裁判まで

福祉法人とのやりとり

施設を運営する福祉法人とは、姪夫婦や長女夫婦が連絡を取ってくれました。晃平の遺品を施設から引き揚げるときも姪の夫が長女に付き添ってくれました。固定電話は子どもたちがとってくれました。施設からは焼香に行きたいとの連絡がありましたが、お断りしました。晃平を奪った施設に対して、とても平静でいられるわけがありませんでした。施設からの焼香の申出は一度あっただけでした。担当の職員とも、施設の人とも結局、会うことはありませんでした。長女は施設との電話の中で、葬儀代や墓代について尋ねたときも、「上の者と相談しているからまだだと言っている」ときつい口調で反論され、長女が法人の代表者と話したいので、連絡先を教えてほしいと詰め寄ったところ、「なぜ教えなければならないのか」と感情的に対応されたこともありました。

私たちでは、とても対応できないため、義兄の落合幸次さんが、間に入ってくれました。落合さんは、医療法人の事務局長をしていた経験もある方で、事故の場合の対応や損害保険の仕組みにも詳しく知っていました。

事故を起こした施設は、落合さんも普段から縁のある施設でしたが、落合さんは、「それとこれは別。ダメなものはだめだ」と言って、私たち家族の味方になって助けてくれました。どうしたらよいかもわからない私たちのために、落合さんは、施設と話し合うために手を尽くしてくれました。落合さんは、「施設の人とも知り合いだし、良心的な施設だから、すぐに解決できる」と言っていました。落合さんは、法人との直接の話し合いを求めました。いったん施設側は代理人弁護士がわが家に来ると言っていました。しかし、予定日の直前になって、施設の代理人ではなく、損害保険会社の担当者が行くと連絡してきました。

結局、わが家を訪れたのは、損害保険会社の方でした。一度、お会いし、その後、晃平の障害者手帳（障害等級1級）のコピーを送るように言われて送ったところ、賠償額は１５５０万円（葬儀費用１００万円、慰藉料１４５０万円）だとするという通知が届きました。落合さんは、晃平の逸失利益はゼロだということだと憤慨し、再度、施設と直接の話し合いを求めましたが、金銭関係については損害保険に任せたとの回答がありました。

私は、晃平には生きている価値がないと言われたと感じました。私たち家族にとって、この世に二人といないかけがえのない晃平が侮辱されていると感じたのです。

落合さんは、施設に謝罪も求めてくれましたが、施設はすでに一度、病院で謝っているから謝罪は金銭問題が全て解決してからだと断ってきました。

施設からの謝罪も焼香もなく、賠償の問題は損害保険会社に任せてしまう施設の対応が許せないという思いが強くなっていきました。

晃平の事故は、警察が過失致死事件として捜査していました。担当した刑事は、私たち家族の心境を思いやって優しく接してくれました。私たちが事件のことを職員がどう話しているかを聞くと、できる範囲で教えてくれました。

施設は、私たちに謝罪もしようとしないし、誠意も見えませんでした。損害保険会社に任せてしまった後は、補償の問題や謝罪は別にして再発防止策についてなら話をするから、施設の依頼した法律事務所で話し合いの場を持つという回答でした。

刑事は施設が捜査に対して非協力的だと怒っていました。

施設側の対応は、大事な子どもを死なせてしまったことに痛みを感じているようには到底思えませんでした。施設が事故の内容を正直に説明しているとはとても思えませんでした。

こうして私と子どもたちは、弁護士に依頼することになったのです。

証拠保全と交渉

弁護士からは、証拠保全という手続で、施設の過失を証明する証拠を押さえることにするという説明がありました。

短期間に何回も事務所に足を運んで、施設との入所契約から事故までの経過、そして事故後の施設側との対応経過を繰り返し聞かれました。その都度、落合さんは私に付き添って気を遣ってくれました。

落合さんは、信頼していた施設との関係がまずくなることも構わず、私たちに寄り添ってくれたのです。

弁護士からは、証拠保全に立ち会うこともできると説明がありました。私は自分が立ち会っても辛くなるだけなので、弁護士だけでやってくださいとお願いしました。

あとから証拠保全で見た階段は狭くてとても急だった。真っ暗だったら、障害がなくても、とても危険な階段だったと聞きました。事故対策として階段室のドアが開かないように鍵を付けると聞いていたのに、事故後に付けたという内鍵は効いておらず、ドアノブを回すだけでドアが開いてしまう状態だったと説明がありました。事故の再発防止という施設の大義名分が形だけだったのではないかと疑っているようでした。

刑事からは、警察の捜査は終わったと報告がありました。施設の対応が悪いので、厳重に処分するように求めてくれたと聞きました。刑事はいつも私をいたわりながら話をしてくれました。

その後、私は検察庁に呼ばれて、晃平のことや事故後のことを聞かれました。担当した検事は、職員の取り調べをした上、何度も施設に遺族に誠意を示すようにと促したようです。検事も保険会社の提示した金額はとても遺族が納得できるような金額ではないと考えているようでした。私へ施設に対応を促したと報告してくれながら、対応が悪いと心外そうでした。最後は、保険会社の支払額以外に、施設で少しでも賠償額を上積みするつもりがないのかと尋ねてくれたそうですが、施設側にはその考えはないということでした。しばらく後、弁護士との打ち合わせで、施設側がほとんど譲歩しないので、訴訟にする以外にないと言われました。

私には、施設が晃平の命を軽く扱っているように思えてなりませんでした。賠償金を支払うのは損害保険会社なのでしょうが、仮にも障害者の自立支援を目的とする施設が、障害児は生きていても社会に意味がないというかのような提示をしているのですから、これに意見を言うのが当然ではないでしょうか。

晃平が侮辱されるようなことはとても許せない。私が、生涯無縁なものと思い込んでいた裁判を起こすことになったのはこのような事情からです。

裁判

裁判

落合さんが一緒に相談に行ってくれた岩月弁護士は、落合さんが「複数の弁護士で担当してもらいたい」と言ったのに対して「私もそう考えていました」と応じ、障害者問題の第一人者である中谷弁護士と弁護団を組んでくれました。

また、晃平の裁判を支援する人たちも集まって、支援する会も作られ、落合さんが事務を引き受けてくれました。

何もかもが初めてのことで、裁判から後のことはすべて弁護士や支援してくださる方々にお任せすることになりました。落合さんが信頼できる方に相談した上で、決めてくれた弁護士やその弁護士を介して集まった方々は、みな自分のことのように晃平の命が軽く扱われたことを憤り、真剣になってくれました。私は、そうした人たちに晃平の裁判を全面的にお任せしました。

この裁判で巡り会った方は、誰もが私心なく、晃平の裁判に力を尽くしていくれました。私の日常生活では、全く未知の人たちとの出逢いでした。

支援する会では、毎月最終日曜日に金山駅前で晃平の裁判への支援を訴える署名集めとビラ配りをしました。落合さんの運転する車で毎回、長女と義理の姉とともに参加しました。支援する会の方々と10名くらいで、毎回90分前後の署名集めをし、１００人くらいの署名を集めることができました。落合さんが毎回、裁判の進行にあわせて作るチラシは、多くの人が受け取ってくれました。支援してくれる人たちは、こんなに署名が集まることはないし、ビラの受け取りがこんなによいことはないと言っていました。ビラを読んで引き返して署名してくれる人や、署名した高校生が一緒に居た仲間にも「署名しろよ」と勧めてくれたり、乗るバスを遅らせて署名をしてくれた人もいました。中には少ないですがと寄付をしてくださる方もいました。署名やビラの受け取りに応じてくれる人が多かったことは、私にも支援する人たちにも、とても励ましになりました。

自分のことではなくても、理不尽なことを変えようとしている人たちが、この社会をどこかで支えていてくれることを知り、私は街頭で配られるビラを受け取るようになりました。それまでテレビ欄しか見なかった新聞も記事を読むようになりました。新聞記事で、いろいろなところで、支援してくれる人が活躍していることを知り嬉しく思いました。

平成22年の憲法記念日にあわせて、中日新聞が晃平の写真入りで、憲法の保障する平等と関係する裁判として公平の裁判を大きく採り上げてくれました。これを見た岐阜県の中学校の先生から落合さんに授業で採り上げたいという連絡があり、先生が来ていただいてお話をしたこともありました。

落合さんは、署名を集める度に、支援する会の方とともに署名を裁判所へ提出に行きました。私は言われるまま落合さんと一緒に裁判所へ行きました。別に特別なことをする訳ではなく、書記の方に署名を手渡すだけでしたが、落合さんは必ず署名の主旨を話しては、丁寧に書記の方に渡していました。落合さんが、晃平の裁判のために尽くしてくれた努力は言葉では言い表せないものです。

それまでも親戚としての付き合いはありましたが、不正義に正面から立ち向かう落合さんの姿は、私の知らないものでした。

先生方の協力

弁護士から、将来、働ける可能性があったことを立証するために、晃平の先生に話を聞きたいという依頼があり、私は何人か、晃平のことをとくにかわいがってくれた先生方に電話をしました。裁判に直接関わらなくてもよいから、弁護士に晃平の話をしてもらいたいとお願いしましたが、最終的に弁護士に会ってくれた先生は二人だけでした。中等部を通して晃平をよく見てくれて、晃平が一番慕っていた先生は、弁護士に会ってくれましたが、硬い表情で、連絡帳に書いた以上のことはありませんと繰り返しました。事故が起きた福祉法人が運営する作業所には養護学校の卒業生も働いています。先生方が施設側に不利なことを言って、教え子が作業所に入れなくなることを恐れていることが感じられました。千代田学園のときの先生は、弁護士に会ってくれた上、何でも協力すると言ってくださいました。とても頼もしく思いましたが、幼稚園時代のことでは裁判の立証には役に立たないというのが弁護士の判断でした。

障害者施設の人たち

「支援する会」の頑張りがなかったら、晃平の裁判はよい解決はできなかったろうと弁護士は言います。「支援する会」は、県内の福祉法人にも障害児の命が差別されてはいけないということで、署名を呼びかけましたが、応じてくれる福祉法人はほとんどありませんでした。

障害児の支援や就労に関わる施設が、障害児の立場に立ってくれないことを落合さんは本気で怒っていました。

障害児を子に持つ者にとっては頼りにするのは施設です。施設が、安全を軽視して晃平の命を奪った施設と同じ立場にしか立てないのでは、障害児を取り巻く状況がよくなるとは思えません。そんな中で、日本でも古くから自閉症の研究に取り組んできた藤本文朗さんは、この事件のことを知ると、施設に乗り込んで法人の代表者に抗議してやると言い、実際に施設まで行って代表者と会って抗議してくれました。

また、視覚障害者の梅尾朱美さんや、養護学校等で長年、障害児教育に関わってきた荒木照世さんなど、支援する会に参加していただいた障害者関係の方々の毅然とした態度はとても頼もしく思いました。何が大事で、何が譲ってはいけないことかを知っている人たちと巡り会えたことは、本当に幸運なことだったと思います。

前に書いたように事故からしばらくして、ママ友たちのほとんどは、いっせいに私から去っていきました。その一方で、私は、この事故がなければ知り合うこともなかった多くの素晴らしい人と知り合うことになりました。晃平が導いてくれたように思います。

おわりに

晃平の裁判は、晃平の逸失利益や就労可能性を認める和解で終わりました。和解に前後して、本当に多くの記者から取材を受けました。私は何度も「働ける可能性のない子なんていない」と繰り返しました。取材後に、「教えられる思いだった」と丁寧な手紙を返してくれた記者もいました。

晃平が亡くなる直前には晃平が口の中で何か独り言を言っているのをよく見るようになりました。晃平が何か話そうとしている様子は、子どもたちも、ヘルパーも見ており、家族は、もうすぐ晃平がしゃべるようになるのを楽しみにしていました。その矢先の事故でした。

亡くなる直前、晃平はヘリウム風船が、天井にあがってしまったのを、台を持ってきて、上って糸を捕まえようとしました。家族はこれを見て、大喜びしました。晃平が自分で考えて自分で困難を乗り越えた姿にみんな感動しました。晃平の子育ては感動に満ちたものでした。これからもたくさんの感動を与えてくれることを家族はみな楽しみにしていました。

亡くなる一週間前、平成19年12月15日、長女と結婚して新しく家族となった梶田透さんも入れて、家族6人で夜、木曽三川公園へ行きました。晃平は初めて見るイルミネーションに目を輝かせて見入っていました。本当に嬉しそうでした。それが、晃平の最後の写真になりました。

裁判の中では、施設が、自閉症の基礎的なことも知らない職員にショートステイを担当させていたことがわかりました。晃平は亡くなる前から軽くあしらわれていたのです。

晃平は、確かに重い障害を持っていましたが、人なつこく、家族の皆から愛され、先生方にもかわいがられていました。晃平が幸せだったことは、母親として自信を持って言えます。先生方も驚くほどに伸び始めていたのです。生きていたら、今頃どんなに、しっかりした青年になっていたろうと思います。

そんな晃平が理不尽にも突然、命を絶たれたのです。命を絶たれた上、施設や保険会社から、生きていても社会に意味がないとまで、レッテルを貼られたのです。

障害があるというだけのことで、どうしてそこまでされなければならないのでしょう。

私の中には、評判だけであの施設を選んでしまった私が悪いという気持ちもありました。でも、やはりそう考えるのは間違っていると思い、晃平を軽く扱われたという思いから、裁判を続けてきました。

施設は障害児の命を預かる場です。安易な気持ちで関わらないでください。

そして、誰もが、障害のあるなしでなく、人として尊重される社会になってほしいと心から願います。

（本稿は、伊藤啓子さんからの聞き取りを弁護士がまとめたものである。）

生命の賠償に平等を求めて

弁護士　岩月　浩二

伊藤晃平君（以下「晃平君」）は平成19年12月22日未明5時20分頃、ショートステイで宿泊していた施設の階段を踏み外して転落し、病院に運ばれたが、同日午後8時10分、急性硬膜下血腫により死亡した。ちょうど1ヶ月後に16歳の誕生日を控えた15歳11ヶ月で人生を絶たれた。

晃平君の死亡事故に関して、施設側が裁判前に示した賠償額は、1500万円（葬儀費用は別）。これは同年齢の健常児の死亡事故の賠償額に比べると4分の1程度の水準に過ぎない。施設側（保険会社が代理している）の提示は、障害児の命は4人分で健常児一人並みの重さしかないというに等しいものだった。こうして晃平君の事件は裁判になった。

晃平君の裁判は、端的に知的障害児の命の価値、命の尊厳の平等が問われた事件であった。

晃平君は、2歳半頃に、突然、言葉を発しなくなり、言葉を失い、その後発語を回復することはなかった。3歳のときに自閉傾向、5歳のときに自閉症の診断を受け、知的障害児通園施設、養護学校小学部、中学部、高等部と進学し、高等部1年生の年末に転落事故で死亡した。13歳2ヶ月のときの精神発達検査の結果が残されているが、発達年齢DAは1歳8ヶ月(運動3歳6ヶ月、探索操作1歳6ヶ月、社会1歳9ヶ月、生活習慣2歳6ヶ月、理解言語1歳)であった。

施設側は、こうした数字を引用して、晃平君は知的障害児の中でも「最重度」であることを強調した。自閉症で最重度知的障害児である伊藤晃平君には、将来にわたって収入が得られる可能性(後述のように法的には「蓋然性」)がないのだから、晃平君の死亡事故による賠償額は健常児の数分の一になると主張し続けた。

人間の生命の尊厳は平等である。障害児の死亡事故の賠償額が健常児の数分の一に過ぎないのは、不条理というほかない。まして、わが子を失った遺族にとって、子どもの命を差別されなければならない理由はないはずである。

しかし、施設側が提示した金額は、裁判実務で積み重ねられてきた死亡事故の算定方法に基づいている。無数の人身事故を通じて確立した算定方法を覆すのは容易ではなく、法律実務を扱う弁護士の目からは不可能にすら見える。

人身事故と裁判実務

人身事故の賠償額を裁判では次のような計算式で算定する。

逸失利益

積極損害 ＋ 逸失利益 ＋ 慰藉料

「積極損害」とは、治療費や通院交通費など事故によって支出を強いられた損害であり、「慰藉料」は人身被害を受けたことによる精神的苦痛に対する賠償である。「積極損害」は現実に発生する支出であるから、性格上は金額を算定することは容易である。「慰藉料」は、精神的苦痛に対する賠償であり、本来は算定が困難であり、ばらつきが出そうであるが、事件によって極端な差が発生することは好ましくない。人身事故の多数を占める交通事故の裁判例の積み重ねによって、負傷の程度を最も基本的な要素として、一定の幅が明らかにされている。

問題は「逸失利益」である。「逸失利益」は事故がなければ得られたであろう収入をいう。たとえば、事故で負傷して1ヶ月休まなければならなかったという場合、1ヶ月間休んだことによって得られなかった賃金など、1ヶ月間の収入相当額が賠償の対象になり、休業損害とも呼ばれる。負傷によって休みを取ることをやむなくされたのだから、その分の補填をするのは合理的に見える。

専業主婦などは、独自の収入がないため、機械的に算定式を適用すると逸失利益がないことになり、問題が生じる。裁判所は、主婦が従事する家事を一種の労働とみなして、多くの場合に女性の平均賃金を用いて逸失利益を算定して公平を図るようにしている。

死亡事故と逸失利益

問題が重大になるのは、裁判例が、こうした逸失利益の考え方を、死亡事故にも及ぼしていることから生じる。

死亡事故により損害を受け、損害賠償を請求すべき当事者は、事故のためにすでに亡くなっている。裁判所は、死亡事故と同時に被害者に損害賠償請求権が発生し、その損害賠償請求権が相続人に相続されるという考え方を採用し、これが確立している。

死亡事故の裁判例では、原則として67歳までを稼働年齢とみて、基本的に死亡時の収入で67歳まで働いたとしたら得られたであろう総収入から生活費総額を控除して逸失利益を計算する。

40歳、年収500万円の労働者を例にすれば、次のような計算式で逸失利益が算定される。40歳から67歳まで27年間働いて収入を得ることができたものとみなす。

この収入から生活費割合として3割を控除する。

27年間にわたる損害を死亡時に一括で賠償請求できると考えることから、中間利息を控除し、実際には27ではなく14・643を年収に乗じる。中間利息を控除するための係数はライプニッツ係数と呼ばれている。

その結果、該当の被害者の逸失利益の総額は次のようになる。

単身者の場合は、自分自身の生活費の割合が高くなる傾向にあることを前提にしており、生計を支えている場合の被害者本人の生活費割合は3割、単身者の場合は5割とされるのが一般的である。

【家族の生計を担っている場合】

500万×(1−0・3)×14・643≒5125万円

【単身者の場合】

500万×(1−0・5)×14・643≒3660万円

子どもの死亡事故と逸失利益

未就労の子どもの死亡事故では現実に収入がない。しかし、将来、働いて収入が得られる見込みが高いので、18歳から67歳まで平均賃金相当額の収入があるものとみなすことになっている。そこで次のような計算式によることになる。

平均賃金×（1－0・5）×（死亡年齢から67歳までのライプニッツ係数－死亡時から18歳までのライプニッツ係数）

晃平君と同年齢の15歳11ヶ月の男児の死亡事故について、平均賃金を500万円とみなすと、次の計算になる。

500万円×0・5×（18・339－1・859）＝4122万円

施設側の提示した賠償額

施設側の提案は、晃平君が重度知的障害のある自閉症児であるから、この逸失利益はゼロ、慰藉料として1500万円を払うというものであった。

健常児では、逸失利益4122万円に加えて慰藉料2000万円が支払われるので、6000万円を超えることになるのに、計算式を機械的に当てはめ、しかも慰藉料まで削られた結果、晃平君の命は健常児の4分の1に過ぎないという不条理な提案になっていた。

そうはいっても、この逸失利益の計算式は裁判所が全ての死亡事故について当てはめる公式で、逸失利益を認められるためには、将来働いて収入を得られる「蓋然性」があることが大前提になっている。「蓋然性」は、裁判所では「確実とはいえないまでも、相当高い確率でそうなると予測できること」を意味している。かつて昭和30年代の最高裁は、乳児の死亡事故について、将来働いて収入が得られる蓋然性があるとはいえないとして逸失利益を否定していた時代もあったほど「蓋然性」のハードルは高い。

この確立した裁判実務との戦いが晃平君の裁判だった。

そして、最終的に総損害額3770万円あまりの和解が成立した。

以下では、裁判のトピックを、紹介したい。

提訴

裁判前の交渉経過

弁護士（この裁判は、障害者問題の第一人者である中谷雄二弁護士とともに進めた。以下、「弁護士」というときは、この2名を意味する。なお、平成23年からは仲松大樹弁護士も参加した）は、裁判前に保険会社（施設側を代理している）と交渉した。

実際上、裁判に持ち込んでも、裁判実務の壁が厚く、思うような結果は得られない可能性が高いと見込まれた。

交通事故事案では、弁護士が代理人となって加害者側の保険会社と交渉すれば賠償額の上積みがなされることは多い。保険会社の提示した当初金額1450万円（葬儀費用別）は、慰藉料だけで見ても、通常認められている死亡慰謝料の最低額である2000万円を大きく下回るものだった。弁護士が交渉することで、2000万円程度にまでは上積みされる可能性があると弁護士は考えていた。2000万円に多少の金額が上積みされたとすれば、遺族と相談して対応を検討する、現実的な対処も心づもりして、交渉していた。

しかし、保険会社の対応はかたくなで、最低限とされる慰藉料2000万円水準すら大きく下回る金額に固執し、譲らなかった。

交渉当時は、過失傷害罪を視野に入れて警察が捜査中であったこともあり（後に不起訴）、弁護士は、保険会社とは別に施設が独自に負担をして賠償額を上積みすることも提案したが、施設側の協力も得られないとのことであった。

裁判になれば、当事者にも相当の負担が生じる。敢えて裁判に持ち込むことを望む当事者は少ない。しかし、相手方の対応がこれほどにかたくなでは、遺族側は裁判にせざるを得ない。

こうして晃平君の事件は2009年5月27日、裁判になった。

個々の原告にとっては、かけがえのない人の命が奪われたことに対する損害賠償であっても、裁判所は死亡事故を日常的に扱っている。

この裁判が問うのは、障害児の生命が差別的に扱われて良いのか、死亡損害賠償で差別することは、障害児の人間としての尊厳を侵すのではないかという根源的な問いだった。裁判所には、日常的な裁判実務に流されずにこの事件を扱ってもらわなければならなかった。

通常の場合は、訴状の段階では展開しない法律論を展開し、晃平君の命が奪われたことの重大性を強く訴える訴状が求められていた。

西原理論の再発見と請求額

問題は、論理だった。裁判は最終的には法的な論理で決着が付けられる。ナマの正義をどのように法的な論理で説明するのか。

まず、判例を調べてみる。

働ける可能性が乏しいのに、逸失利益を認めた判例は皆無だ。

知的障害児の逸失利益が争われたのは、わずかに東京高裁の裁判例が1件存在するだけだった（東京高等裁判所平成6年11月29日判決）。この例は、障害区分としては軽度とされる自閉症の知的障害児の例で、一審（横浜地方裁判所平成4年3月5日判決）が認めた逸失利益が生涯を通してわずかに120万円に止まっていたのを改めた例だ。東京高裁は一審判決を破棄し、逸失利益1800万円を認めた。この事例では、死亡児童のＩＱは60から67で、読み書きや簡単な計算ができたのはむろん、ワープロ打ちなどもできる事例だった。

高裁判決は、人間の尊厳の平等を強調して、一審判決の認定は低きに失すると批判していた。素直に見れば、障害の程度に照らしても、逸失利益を120万円しか認めなかった一審判決が不条理であることは明らかだった。しかし、将来、収入を得ることができる「蓋然性」（相当程度に高度な可能性）は、仮に機械的に当てはめれば、このような差別的な結果を生む。高裁判決が一審判決に対して「人間の尊厳の平等」をもって批判しなければならなかったほどに裁判実務で固着した損害賠償の算定方式は堅牢なのだ。

しかも、二審判決が認めた逸失利益1800万円ですら、健常児の半分に満たない。ましてや、晃平君のように未だ身辺自立の途上にあり、言葉もない重度の知的障害を持つ子どもについて、逸失利益を争った事件は皆無だった。

こんなことでいいのか。憲法は生まれながらの属性で人を差別することを禁止しているのではないのか。

判例がない以上、このような疑問に答える実務書は皆無だ。学者はどう考えているのか。同じ疑問を抱いた学者はいないのか。

人身損害に関する損害賠償についての議論を調査する。議論の中で、しばしば「西原論文」、「西原理論」という言葉が見られた。1965年に私法学会の機関誌「私法」27号（107頁）に発表された「生命侵害・傷害における損害賠償額」と題する西原道雄教授（当時）の論文で展開された議論だ（裁判当時は、裁判所の図書室にも蔵書がなく、他の図書館を当たるしかなかったが、現在では、インターネットに全文が掲載されている）。

西原論文は、列車事故をたとえに、年収100万円の人を2人救うより、1000万円の人を1人救う方が重要だと考える者などいないとして、裁判実務が結果的に、いかに非常識な考え方に基づくものであるかをあからさまにし、裁判実務を「人間を利益を生み出す道具のように評価し取り扱う」ものとして、痛烈に批判していた。

西原は、問題の所在をこう問いかける。

「奴隷制社会ならばともかく、近代市民社会においては人間およびその生命は商品ではなく交換価値をもたないから、一面では、生命には経済的価値はなく、これを金銭的に評価することができない、との考え方がある。（中略）しかし他面、人間の生命の価値は地球より重い、すなわち無限である、との観念も存在する。生命の侵害に対しては、いくらカネを支払っても理論上、観念上、これで十分とは言えないのである」

生命の尊厳は平等であるという根源的な思索から、西原は定額説を提唱していた。つまり、命を奪った事故や事件に対する賠償は、命の平等という根源的な価値観にしたがうならば定額を基本とすべきだというのだ。事件の個別性は、加害者の故意や過失の責任の大きさ等の範囲で反映され、被害者の収入が損害の大小を決めることがあってはならない、それは「人間を利益を生み出す道具」として扱うものだとする。

そして裁判で幅広く採用されている逸失利益の計算の公式を「あいまいな蓋然性を基礎としたきわめて不正確なものであることは明らかである」と断定し、逸失利益の算定の基礎となる収入、生活費、労働可能年数について詳細に論じた上、「一見精密そうな外形をとってはいるが、その実きわめて不正確な蓋然性に基づくものに他ならない」とし、中間利息控除に至っては「本来は不要な枝葉末節の問題であって、その結果生じる端数は、弁護士・裁判官・学者等にあたかも賠償額全体を正確に算出したかのような幻想を与える気休めにすぎない」と弾劾し、死亡事故の賠償額を定額化すべきことを主張していた。

西原の根源的な批判に対する科学的な意味での検証に耐える反論は、その後も現れていない。しかし、その後50年近くにわたって、裁判実務は、西原が非科学的と批判した公式を精密化することに専念してきた。西原説を裁判所がそのまま採用する可能性はない。それでも40年以上も前に、わたしが抱く疑問について、真正面から向き合った学者がいたことは、弁護士にとって、自分たちの疑問が真っ当であることを示すものとして大きな励ましとなった。

西原説を踏まえて訴状の法律論が完成した。人間の生命の平等という根源に関する問題提起を記した部分は次の文章で始まる。

「本件訴訟において原告らが提起する問題の本質は、知的障害があり、自閉症であることを理由にこの世にたった一人しかいないかけがえのない個性をもった亡晃平君の生命が奪われたことに対する損害賠償額が通常人の4分の1に満たないとする被告主張の不当性を根源から問うことにある。

死亡事故は決して取り返しがつかない。死者を返してほしいという遺族の願いは、この世で最も不条理に拒まれる不可能な願いの一つである。違法に奪われた命に対する取り返しがつかないまでも、せめても償いが現行法では損害賠償の形を取る。

いうまでもなく、賠償の対象になっているのは、違法に奪われた命そのものであり、命そのものに対する原状回復に代わる賠償である。命に対する補償がその本質であることは異論があるまい。だとすれば、命に対する賠償額が、その属性によって左右されること自体、本質的な問題がある。これは個人の尊厳を基本的人権の根底に置き、合理的理由のない差別を禁止する憲法の価値観と深く関わる問題である。」

弁護士は、基本的に、死亡した被害者に生じた損害賠償請求権が相続人に相続されるとする生命侵害の損害賠償請求権の構成に問題があると考えていた。

しかし、裁判実務が相続構成に基づく積算方式による以上、損害の内訳を明らかにしない訴訟のあり方もあり得なかった。

生命の平等を訴える裁判である以上、健常児と同様、全年齢平均賃金による逸失利益を求めた。

生活費控除率を50％とした、晃平君の逸失利益は4011万5677円となった。

489万3200円×（1－0・5）×（18・2559－1・8594）＝4011万5677円

晃平君の死亡の重大さを伝える

（1）障害児に対する偏見と慰謝料

通常、死亡事故による慰藉料額は2000万円から3000万円程度が目安とされている。晃平君について示された賠償額が慰藉料だけを取り出しても差別的な低水準であることは明らかだった。しかし、裁判例を調べてみると、知的障害児の死亡事故に対する慰藉料を1500万円とする例は少なくないこと、むしろそれが裁判例の主流ですらあることがわかった。保険会社のかたくなな姿勢の背後にはこうした裁判例が存在していたのだ。

逸失利益ゼロについては、確立した公式が一応の理由となるとしても、慰藉料の差別は、理由すらつけられない。端的な障害児差別なのではないか。裁判中、裁判を支援する会を通じて原告に投げつけられた悪意あるメールには「負担がなくなった上、6000万円ももらえるのか」といった中傷があった。裁判所すらそうした社会意識と無縁とはいえないことを、この慰藉料水準は示しているのではないだろうか。

（2）裁判官に正面から向き合ってもらうために

裁判所には、この事件が生命の平等という重い課題に向き合うものだということを十分に理解して真正面から臨んでもらいたい。

問題は、逸失利益の公式に馴れきった裁判所に、この事件は特別なのだと姿勢を正して臨んでもらうことにあった。

通常、訴状には、損害賠償の請求に最低限必要な事実を書き、多少の事情を付け加えるに止まる。しかし、そのような訴状では、悲惨な人身事故の裁判に馴れきった裁判所に対して、この事件が重大な問いかけを含む事件なのだとわかってもらうことはできない。

子どもの死亡事故といえども、多くの不幸な出来事を扱う裁判所にとっては、日常の事柄に過ぎない。

どうすれば、裁判官の理解を得ることができるのか。

弁護士は、晃平君がどんな子どもで、どれほど家族に愛されていたかを訴状に書き込むことにした。晃平君が亡くなったことの重大性を具体的な形で提示することに精力を注いだ。通常なら、訴訟の最終段階、原告本人尋問の段階で行うような周到な聞き取りをして、晃平君の人生を浮き上がらせるように工夫した。この部分だけでも訴状のほぼ半分約1万字に及んだ。

さらに、死亡した晃平君の幼稚園から亡くなる直前までの写真も証拠として提出した。母親である伊藤啓子さん（以下、「伊藤さん」）は、1000枚近い写真を残していたようだが、裁判所に見てもらうために10枚程度に絞り込んでもらった。さらに、訴訟に至った遺族の心情を綴る陳述書も証拠として提出した。

子どもを失った遺族の悲嘆の深さに障害の有無など関係がないことは、工夫をすれば裁判所にも、わかってもらえるはずだ。伊藤さんの子育ては、命令ではなく呼びかけをするように努めたり、重度障害があっても、何をするにもすぐに手を出したりせず、晃平君が困っているときに初めて手助けをする等、忍耐強い、育児一般に通じる賢明なものだった。晃平君は、重い障害を負っていても、そうした母親に恵まれ、大切にされた。幸福だったに違いないのだ。その人生が突然、絶たれた。そのことの重大さをまず裁判官にわかってもらう必要があった。

(3) 晃平君の思い

訴状の最後には、亡くなった晃平君の気持ちを推し量り、語り口調にした「亡晃平の人生」を添付した。末尾は次のように結ばれた。


「お母さんは、僕が高校を卒業した後のことを考えていました。

そうすると、作業所で作業をすることになるので、少しでも僕が自分でやれることを増やしておきたいと考えたそうです。

そこでお母さんは、ショートステイを利用することにしました。お母さんから離れてよそに泊まって、歯磨きやお風呂、寝ること等をあまり知らない人に言われても自分でできるようにしたいと考えました。

お母さんは、僕には言わなかったけれど、世の中には、僕が好きになる人だけでなく、僕の言うことをなかなかわかってくれない人もいることを知ってもらいたかったそうです。そうすれば、僕もいろんなことがわかって、もっと僕が成長して自閉症も治るときが来ると考えていたそうです。

そこで、お母さんは守山養護学校の先生に相談して、僕が泊まる先を決めました。『ショートステイWITH』はいいところだよと、先生から言われたそうです。

僕は、2回、そこで泊まりました。お母さんに連れて行ってもらって、お泊まりをし、朝、お母さんが迎えに来てくれました。

3回目のお泊まりのときに僕は死にました。僕は、どうして死んだのか、覚えていません。僕のお葬式には、何百人もの人が来てくれたそうです。先生やお母さんやお姉ちゃんやお兄ちゃんの友達や僕と遊んでくれた人や、守山養護学校の生徒や親たちみんながお葬式に来てくれたそうです。

僕には、死んだということがわかりません。僕は僕が死ぬということを知りませんでした。僕がわかるのは、もうお母さんにもお姉ちゃんにもお兄ちゃんにも、おじいちゃんやおばあちゃんや、おじさんや、おばさん、家族と同じだったYさんやFさんにも、大好きだったC先生にも、T先生にも、N先生にも、I先生にも、会うことができないことです。もう、大好きな先生やお姉ちゃん、お兄ちゃんとも遊べません。毎年、親戚みんなで車に乗って遊びに行き、大きなお風呂に入ってばしゃばしゃしたりできません。お姉ちゃんやお兄ちゃんと散歩に出たり、振り回して遊んでもらったりできません。お母さんの膝に座ることもできません。僕がいい子にしていても、お母さんは僕をほめてくれることができません。

僕が死ぬちょっと前に、僕はお母さんやお姉ちゃんお兄ちゃんと木曽三川公園のイルミネーションを見に行きました。僕は初めてあんなにキラキラ光る光を見ました。とってもきれいで、僕は、とってもびっくりして、自然と笑ってしまいました。お母さんやお姉ちゃん、お兄ちゃんも嬉しそうでした。僕は、もっともっと、いっぱいきれいな物を見たかったです、もっともっと、いっぱい先生やお母さん、お姉ちゃん、お兄ちゃんと遊びたかったです。もっともっといい子にして、いっぱいいいっぱいみんなと一緒に笑い合いたかったです。」

聞き取りや文献調査を重ね、提訴は、交渉決裂からほぼ半年後、平成21年5月27日になった。

模索——就労可能性という課題

合議による裁判

晃平君の裁判は、3人の裁判官による合議で審理されることとなった。

裁判には一人の裁判官が裁判に当たる単独審理と、3人の裁判官が合議で審理する合議制がある。民事裁判では、特殊な分野の訴訟を除き、ほとんどの裁判が単独審理で行われている。しかし、裁判所がとくに重要と認めた事件は、3人の合議で審理される。もともとこの事件では被告側は過失を認めている。単独審理では、短期間で、機械的に公式を当てはめただけの裁判で終わりかねない。合議での審理に持ち込むことができるのかどうかが、裁判所に慎重に判断をしてもらえるかの最初の試金石であった。名古屋地裁では最近ではめったに合議の事件はない。合議体で事件を審理するということは、裁判所がこの事件を特別な事件と認め、慎重に判断したいとする意向だと考えてよかった。小さいが、しかし大事な第一関門を突破したということだ。

裁判官からの宿題

第1回期日は、平成21年7月31日に開かれた。

裁判長から「具体的な就労可能性を明らかにする予定はあるか」との質問があった。訴状では、健常児と同様に平均賃金で逸失利益を算定している。それは健常児であろうが障害児であろうが生命を差別するのは違法だとする理念によっている。実際に晃平君がどのように成長し発達してきたか、将来、どのような仕事に就くことができるのかを具体的に明らかにしているわけではない。

こうした質問がなされたのは、裁判所としても、逸失利益をゼロとする被告の主張がもたらす不平等な結果に疑問は感じたことを示している。しかし、裁判所としては死亡事故に関して無数に積み重ねられた裁判実務から離れることはできない。裁判実務にしたがいながら、適切な結果をもたらすことのできる手がかりはないのか。裁判長の質問にはそうした意味合いがあった。

弁護士にもそうした裁判官の思惑は十分理解できるものだった。

「具体的な就労可能性の主張・立証については、今後、検討する」と中谷弁護士が答えた。

具体的な就労可能性をどう裏付けるのか

しかし、最初に見たように、わたしたちの手許にある検査結果は、13歳2ヶ月時で晃平君の発達年齢が1歳8ヶ月（運動3歳6ヶ月、社会1歳9ヶ月、生活習慣2歳6ヶ月、理解言語1歳）とするものに過ぎなかった。検査は、5歳3ヶ月、7歳3ヶ月、10歳2ヶ月の各時期にもなされていたが、5歳3ヶ月（知的障害児通所施設在籍中）の発達年齢1歳4ヶ月が、就学時の検査である7歳3ヶ月時に1歳8ヶ月に伸びた以降、養護学校中学部進学時である13歳2ヶ月まで発達年齢1歳8ヶ月で停滞したままだった。

伊藤さんも晃平君の姉や兄も、養護学校中学部以降、晃平君がすごく伸びたと言い、亡くなる直前の頃には、晃平君が何か発音しているのを見て、「もうすぐ話すようになるね」とみんな期待していたという。しかし、それを示すような事故の直前の検査結果はない。

伊藤さんの手許には、養護学校の小学部から中学部3年までの通知表、そして知的障害児通園施設から養護学校高等部まで晃平君の毎日の生活の様子を記した連絡帳が残されていた。

また、晃平君が中学部を通じて成長がめざましかったことは、中学部の先生も認めているという。

晃平君の具体的な就労可能性を明らかにすることは極めて困難な課題で、この裁判を貫く課題になることは見えていた。この課題について、約20年にわたって障害児の困難な事件に取り組んできた中谷弁護士が、自閉症・知的障害児の専門家の協力も得ながら担当することになった。

中谷弁護士は、生前の晃平君をよく知っている第三者の証言を得るため、伊藤さんを介して、晃平君がとても好いていた担任を中心として、晃平君をよく知っている数人の先生に面会を求めた。必ずしも裁判に直接協力してほしいとの依頼ではなく、晃平君の就労可能性や成長可能性に関する手がかりになる事実を教えてもらうだけでも、との依頼だったが、面会を断る先生も多かった。晃平君が一番好きでかわいがってもらった先生は、面会には応じてくれたものの「連絡帳に書いたことがすべてです」として頑なな答えに終始した。事故のあった福祉法人は作業所を運営しており、養護学校を卒業した生徒も働いていた。養護学校の先生としては、教え子のことを考えれば、それが精一杯の対応だったのだろう。

中谷弁護士は、発達障害研究の第一人者である中京大学の辻井正次先生に鑑定意見書の作成をお願いした。多忙な中、辻井先生は協力を快諾してくれた。豊富な臨床例もある辻井先生の意見書に期待するところは大きかった。

重度知的障害児の逸失利益を認めた裁判例について

この間も、裁判は、ほぼ2ヶ月に1回程度のペースで期日が定められていった。

訴状で主張した内容をいっそう詳しく主張する必要がある部分も少なくない。専門家の鑑定意見を踏まえた就労可能性について主張する前段階として、原告側は学説に基づいて重度知的障害児にも逸失利益を認めるべきことを主張する準備書面と施設側の具体的な過失の詳細を主張する準備書面を提出した。

訴状で引用した死亡損害について定額賠償を主張する西原理論は、裁判所が直接採用することとはならなかった。むしろ裁判所が用いる逸失利益の算定式は、いっそう緻密なものとなっていった。しかし、西原理論は、学説には大きな影響を与えており、現実収入の如何を問わず、最低限の賠償額を認めることで賠償額の底上げを図ろうとする学説が多数を占めていた。

収入が得られる蓋然性によって逸失利益が算定される以上、男女の平均賃金に格差がある現状では、性別によって賠償額に差が出ることが避けられない。とくに専業主婦が家庭のモデルとされていた時代には、女児の死亡例について逸失利益が認められず、女児の賠償額が男子の賠償額を大きく下回ることが避けられなかった。

今では当然とされる、主婦労働を女性労働者の平均賃金に換算して逸失利益を認める方法を最高裁が認めたのは、ようやく昭和49年（１９７４年）になってからだった。その後も裁判例は損害賠償額の男女差ができるだけ少なくなるような算定方法を工夫し続けている。形式的にはもっともらしい計算式によって賠償額が決められているにしても、こと死亡損害に対する賠償は、法的な価値判断（「規範的評価」という）を踏まえてなされていることは明らかであった。西原教授が提起した生命の尊厳の平等に基づく厳しい裁判批判は、男女格差の是正という形で裁判例にも影響を与えていたと言ってよい。

男女の死亡損害の賠償額の格差の問題は比較的早くから意識されていたのに比べ、障害児の逸失利益の問題が意識化されるのは、はるかに遅れ、先述した平成6年の東京高等裁判所の判決が最初のものであった。

提訴から半年余りの平成21年暮れ、札幌地裁と青森地裁で重度障害児の死亡事故について逸失利益を認める和解と判決が相次いだ。

札幌地裁では、平成21年12月4日、重度の自閉症児（17歳）の死亡事故で逸失利益１１３１万円を認める和解が成立した。続いて12月25日には、青森地裁で重度知的障害（ＩＱ24）の16歳の男子について最低賃金を算定基礎とする逸失利益を認める判決が出た。判決は、就労可能性について、被害児の能力を固定的にとらえるのではなく、将来における適切な指導や支援、さらに将来の医学、心理学、教育学の発展等も踏まえるべきものとしていた。

これらの裁判例は、重度障害児の死亡事故の賠償額が極端に低額になることの不条理さを、ようやく裁判所が意識し始めたことを示している。晃平君の裁判にとっても明らかに追い風になるものだった。

鑑定意見書

平成22年6月、辻井教授の鑑定意見書が完成した。

意見書は、自閉症児の特徴をわかりやすく紹介するとともに、晃平君の就労可能性について「支援者の適切な指示があれば、働くことの能力をかなり発揮できた可能性がある。両親は、共同作業所・授産施設を想定して育ててきた。…将来的に授産所で仕事に参加する力は十分に持っていたと考えられる。…将来国や社会・企業への一般就労への機会の拡大の努力が高まっていけば、構造化された環境下において一般就労の可能性もあり得る」として就労可能性を認めるべきことを裁判所に求めるものであった。

しかし、裁判所が必要としていたのは、就労の一般的な可能性ではなく、「就労の具体的な可能性」、より正確には「就労の具体的な蓋然性」、つまり相当程度の割合で就労できたであろうという可能性だった。

失語のまま死亡したという晃平君の障害はあまりにも重かった。発語もなく身辺自立がようやくできはじめるという晃平君の状態は、平成21年12月に出た和解例や裁判例に照らしても格段に重度だった。専門家が出した結論は、弁護士に改めて課題の困難さを思い知らせるものだった。

弁護士は、その後、障害者の権利条約の批准や障害者基本法の改正、障害者自立支援法、障害者就労支援法等、障害者を受け入れる社会の側の変化等、障害者を取り巻く社会の変化により、障害者の就労可能性が高まっていることを述べる準備書面を提出し続けた。

しかし、「就労の蓋然性」で、逸失利益の有無や金額を判断するという裁判所の壁の前に、明らかに手詰まりだった。辻井教授は、亡くなった直前頃の状況を伊藤さんから聞き取った後、晃平君に逸失利益が認められれば、どんな子にも逸失利益が認められるようになるという趣旨の話をされていった。

専門家によっても打開することができない「具体的な就労可能性」、これこそが、この裁判が最初から直面していた壁だった。

藤本由紀子さんの意見書

藤本由紀子さんの協力

この事件では、裁判を支援する会が作られていた。こじんまりとした個人的な有志の集まりに過ぎなかったが、伊藤さんの親族も含め、毎回10名程度の傍聴者があった。

裁判期日は、提出された書面を確認する程度の形式的な手続で終わってしまう。このため今日の期日に何が行われ、今後どういう見通しかを説明し、傍聴者と意見交換をする、そういう機会が期日後に、裁判所に隣接する弁護士会館で毎回持たれていた。

そういう機会では、伊藤さんや伊藤さんの親族から、半ば思い出話のような話も出た。晃平君が2歳頃まで、発語があったことや知的障害児通園施設通園中の晃平君の様子を聞いた参加者から、「それだけの能力があれば、高等部にもなれば、ずっといろんなことができたはず。おかしい」と強い意見が出たことがあったことを思い出していた。確か自閉症児の発達支援に関わる仕事をされていたと聞いていた。

訴訟は手詰まりだった。どうしてそれほど強い確信を持たれたのだろうと思いながら、彼女に連絡を取ることにした。自閉症が社会的に広く認知される以前から、言語療法の仕事に従事されてきた藤本由紀子さんだった。

偶然、わたしの事務所の近くに住んでおられた藤本さんに来ていただいたのは平成22年10月頃だったと思う。藤本さんは、晃平君について残っている資料はすべてほしいと言われた。その中には日々の連絡帳も含まれていた。39冊、記載された日数にしておよそ3000日分、家庭と学校の記載は累計6000件にも及ぶ。弁護士が読み込むことを試みたこともあったが、たとえば最も基本的な生活習慣である排泄の失敗が繰り返し記載されたその記録は、全体を通じて、そこから意味を見いだすのは到底不可能と思われるものだった。

藤本さんが唯一、気にかけていたのは、自分には専門の資格がないということだった。裁判所が肩書きや権威を偏重することを藤本さんはよく知っておられた。言語聴覚士の資格ができる以前から言語療法の仕事に就いておられた藤本さんは、資格ができた頃に家庭の事情があり、資格を取ることなく仕事をしてきたということであった。

被告が頑なに逸失利益ゼロを主張するこの事件について、手がかりがあれば、逸失利益を認めることを検討したいという裁判所の姿勢に変わりがないことを感じていたわたしは、権威なんて関係がないと無責任に断言した。毅然としながら、どこまでも優しさを感じさせた藤本さんの人柄にかけるしかなかったのだ。

裁判では原告側の主張が続いていたが、原告側に残された時間はあまりないという段階に入っていた。

わたしは2ヶ月くらいで意見をまとめてほしいとお願いをした。

意見書と打ち合わせ

平成22年12月下旬頃、藤本さんはおよそ2万数千字にも及ぶ大部な意見書を届けてくださった。意見書は、弁護士の期待を超え、詳細かつ具体的に晃平君の発達可能性を明らかにしたものだった。藤本さんは、幼時の晃平君の状態を連絡帳から読み取った上で、晃平君が本来「重度」あるいは「最重度」の「知的障害児」ではないこと、養護学校、とくに小学部の6年間の非連続的かつ非専門的な指導が晃平君を「最重度知的障害児」に育てたのだと厳しく告発していた。通園施設在籍中と比べ、場面によっては後退すらした小学部卒業時と比べ、指導の連続性と適切な指導目標が設定された中学部から高等部にかけての急速な成長を浮き彫りにしていた。適切な指導を受けていれば、晃平君が重度知的障害に止まることはなかったと断定するものであった。

こうした結論は、弁護士の目には脈絡もなく排泄に関する記述が繰り返される連絡帳の丹念な読み込みによる専門的な分析と、自身の20年余に及ぶ発達支援の臨床経験が踏まえられたものので、専門的でありながら、誰にもわかるような丁寧な説明がなされた、極めて説得力あるものであった。

健常者（藤本さんはこれを定型発達者と呼ぶ）にとって何気ない日常の課題の一つ一つが、実は多くのステップの達成によって獲得されるものである様は重度の発達障害児の発達支援に携わってきた方でなければ到底わからない。非定型発達児にとって、排泄、はさみの使用、発語等が、いかに多くの達成の末に獲得される尊い成果であるかを思い知らせるものであった。

「もし、晃平君が入学後を、千代田時代の「発達の芽」の延長線上に少なくも、低学年3年間を、そのあとは交代があったとしても、個別支援計画の評価を受けて、科学的な引継ぎ後の高学年3年をと、同一担任による、おちついた活動が保障された中での専門的な教育を受けていたとしたら、ハサミはとっくに使用できる人に、排泄の自立はもちろん、あたたかい母、兄、姉に囲まれての情緒の安定と、ゆるやかな発達は必ずや実現したであろうと考える。育ちかけていた発達の芽が、1年ごとに、プツン、プツンと切られることもなく、指導の統一性のなさからくる混乱もなく、晃平君の発達は、上昇線上に伸びていったものと推測される。」

「言語をもたない故に、言語をもっての検査に応じられなかっただけのことで、言語を駆使する側の人間の余りな勝手で、本児ら、言語障害児たちは「重度」「最重度」などのレッテルをはりつけられているにすぎない。個別の課題設定とスモールステップによるつみあげの教育を通過させた上での心理検査を。そう願わずにはいられない。（中略）本児はまぎれもなく、せっかく育っていた発達の芽が育てられなかった、この上ないもったいないケースであったと痛感する。」

言うまでもないが、藤本さんは、個別の担任を批判するのではなく、発達障害児を継続的、適切に発達支援する仕組みの欠如を批判しているのである。

客観的、専門的であり、そして確信が込められた意見書は、代理人としての立場を離れて心を動かされるものであった。

意見書の補充

意見書を読ませていただいた後の打ち合わせで、意見書が役立つだろうかと尋ねる藤本さんに対して、わたしは「意見書では具体的にどんな仕事ができるか、触れていない。裁判所が求めているのは、具体的にどのような仕事ができたかということなので、そこも書いてほしい」と、失礼なダメ出しをした。

藤本さんには、ショックだったことは想像に難くない。藤本さんの意見書が心血を注いだものであったことは十分にわかっていた。意見書の作成過程での打ち合わせの折りには、途中で伊藤さんに確認したいことが出てきて、わたしが伊藤さんに電話をしようとしたら、藤本さんが「今は、晃平君の養護学校のお迎えの時間だから（電話には出られないだろう）」とおっしゃったことがあった。藤本さんの中では晃平君は今現に、生きている存在になっていた。

逆に言えば、だからこそ藤本さんにお願いするしかなかったのだ。藤本さんは、何かしら思い当たることがあったのだろう。「2週間いただければ、その答えを出します」と答えられた。

2週間後、藤本さんがお持ちになった意見書には、障害者自立支援法施行に伴い導入された援助付雇用制を踏まえ、例としてクリーニング工場での作業をあげていた。援助付雇用に伴い導入されたジョブコーチ制度（障害者が作業するに際して、介助の必要性を見極めて介助をしながら、障害者が単独で作業できるまで指導・援助する）を利用し、その支援でスモールステップを確実に達成することによって晃平君の具体的な働く姿を描いてくれた。それは、養護学校の担任にも、晃平君にできることを確認して描いてくれた晃平君が働く姿であった。

「この意見書作成にあたり、晃平君の母と、晃平君の元担任の先生とに同席願い、この課題分析による1〜9の各単位について、作業可能か否かの見解を求めたところ、口を揃えて「それはできる！」「できるようになるはず！」との声をもらった。晃平君はあと2年間の高等部での作業学習の後々は、この1〜9は、しっかりとこなせる人として、存在したのであろう。…あたたかい家族の励ましと、新しい時代を担うジョブコーチの指導のもと、周囲の人々からも、信頼され伊藤晃平君の人生は、ひらかれていくはずのものであった。」

「伊藤晃平君という15歳11ヶ月の若者が、障害を持ち、学びの最中にいのちを落とした。いや、親族の表現を借りるまでもなく、それは「奪われてしまった」。その補償をめぐり、障害がある故に「働けない者」として、法的処置を受けようとしている。私の「意見書」のメインは、晃平君がそのような発達の足跡を残しているか、その発達の様相をもとに、成人後の就労の可能性を探ることにあった。

とりかかった始めは、大変困難な作業であるとの感をぬぐえないでいた。ところが、残された記録が、かくも雄弁に語ってくれるのだという事実にであい、晃平君の母の言うとおり「このノートは、もう一人の子供」であったことを知る。

くり返し確認しておきたい。しっかりと見せていた晃平君の芽は、小学校、中学校を通して、伸びなやみ、発達は足踏み状態がつづいた。それが大きく打ち破られて、人として、就労の日々を生きる可能性の方向へ、踏み出したのが、中学部3年生。ここで「両手を使う」という課題設定に出会ったこと、ここから、ついに高等部1年の1学期、2学期というわずかな時間に、情緒の安定と作業能力の基礎的なものを獲得、もしくは獲得しはじめていた。その延長上に生きて高校二年間を、作業学習中心の高校生活をすごすなかで、この時代、知能レベルの高い人ほど敬遠してしまう、シンプルで、目にわかりやすい、手仕事レベルの労働をコツコツとこなす勤労者として存在したであろう。時代が晃平君に味方をしてくれる、そういう時に生きていた。かえすがえすも、ステイ中の転落死という、あってはならない死を憎む。」

具体的な就労可能性

当時は、障害者作業所ではなく、重度知的障害者が一般雇用された労働者として働くことのできる会社等も増えつつあった。

自閉症の教育・福祉の研究の先駆者である滋賀大学名誉教授の藤本文朗氏は、直接、重度の知的障害者（自閉症）が、月14万円の収入を得ながら、通常就労している事実を報告した。

協力していただいた憲法学者川崎和代氏は、重度知的障害児に対する逸失利益がゼロとされるのは、障害者に対する属性による格差に他ならず、社会の差別感情を反映したものであり、問題は障害者にではなく社会にあることを明らかにして、本件において逸失利益が認められないとすれば、憲法14条に違反することを明らかにした。

こうして、具体的な就労可能性と障害児の逸失利益に関する規範的評価に関する主張が尽くされた。

被告の反論は、ほぼ一点に限られていた。万一にも最重度知的障害児に逸失利益を認めれば、交通事故を中心として積み重ねられてきた裁判実務は根底から覆る、逸失利益を認めないのは「合理的な区別」であるとするものであった。

尋問期日から判決期日の指定まで

尋問期日

主張の交換を終え、尋問期日は、平成23年11月18日に開かれた。

晃平君のショートステイを担当していた職員2人のうち1名、藤本由紀子さん、そして、伊藤さんの順に尋問がなされた。

ここでは、職員の尋問について、事故態様との関係で触れておきたい。

本件事故の態様

事故が起きた施設は、古い木造2階建ての一般民家を借り受けて障害者自立支援施設に転用していたもので、晃平君のショートステイは2階で行われていた。晃平君は、午前5時20分頃に布団から起き出して、階段室に出て、足を踏み外して転落した。2階は北側から6畳、8畳、8畳の間取りになっており、昼間は作業所として使用されているために間仕切りはなく、北側6畳間に接して階段室のドアがあった。

北側6畳間には、トイレのドアと階段室のドアが並んで配置されていたが、トイレ側のドアはアコーディオンカーテンに仕切られており、晃平君はトイレのドアと間違えて階段室のドアを開けたのではないかと思われた。

証拠保全で確認した階段は狭く急勾配であった。電灯も点けられていなかったため、未明の階段は真っ暗であり、大人が慎重に行動しても危険な状況であった。

晃平君のショートステイは2名の職員が担当しており、1人は晃平君と布団を並べて寄り添って寝ており、もう1人は階段室への扉がある6畳間で就寝していた。2人とも晃平君が起き上がったことに気づいていたが、「トイレ?」と聞くだけで、直接、制止するなど晃平君が階段室に出るのを防ぐ措置はとらなかった。

急勾配な階段という施設自体の危険な構造、夜間無点灯であったこと、トイレのドアと階段のドアが紛らわしい状況でかつトイレのドアがアコーディオンカーテンで隠されており階段とトイレのドアをいっそう間違えやすくする構造、階段ドアに内側からカギをかける、あるいは障害物を置くなど階段室へ出てしまうことを防止する措置を執っていなかったこと、晃平君が起き出したことに気づきながら行動を制止しなかったこと等、施設側の過失は明らかだった。

職員の証言

以上のように晃平君の事故では、施設側に過失があったことは明らかであり、施設側も過失は争っていなかった。

しかし、職員の尋問では、遺族側代理人にとって、新たにわかった事実もあった。

何より遺族側を驚かせたのは、施設側自身が「最重度知的障害・自閉症児」と主張する晃平君を主として担当した正規職員が介護の資格もなく、勤続1年半ほどの職員で、自閉症に対するごく基礎的な知識もなかったことだ。

また、晃平君が起き出したことに職員が気づいてから、転落するまでに相当時間あったと見られることも明らかになった。

原被告代理人による尋問が終わった後、裁判官から職員に質問があった。晃平君がこの日、何回もトイレを使っていたとするトイレは2階のトイレだったかという質問であった。職員は「1階のトイレだ」と答えた。裁判前、事故原因と改善策に関して当事者間でやりとりがなされていた。施設側が示した説明資料では、2階のトイレと階段のドアが隣り合って同じドアであるためにトイレのドアと間違えて階段のドアを開けて転落したと考え、しかもアコーディオンカーテンでトイレのドアが隠されていたために晃平君がこれを間違えた可能性があるとしてその改善をするとしていた。

常同行動は自閉症児の基本的な特徴であり、このとき晃平君が2階のトイレを使おうとしていたと考えたとする職員は、ほとんど自閉症児の行動を知らないのに等しい。施設は自閉症児の行動の特徴を理解しない職員に「最重度自閉症児」を担当させ、その説明を鵜呑みにしていたのだ。

遺族に提示した書面では、施設は、晃平君の転落事故を踏まえ、階段のドアに内鍵をかけるとする安全対策も講じるとしていた。しかし、事故後半年以上経過した平成20年7月18日に行われた証拠保全（裁判提起前に裁判所が証拠調べをなす手続。晃平君の事故では事故現場の状況も確認されている）では、内鍵は機能しておらず、取っ手を回すだけでドアは容易に開閉できる状態のままであった。半年以上も、職員の誰も内鍵が機能していないことに気づかない等、施設側の安全に対する意識が希薄であることを痛感させられていた。

結審へ

引き続き、藤本由紀子さん、伊藤さんの尋問が行われた。

それぞれに心を打たれる証言に、傍聴席から何度か思わず拍手が湧いた。

尋問後、藤本由紀子さんが、「具体的な就労可能性」という自分のテーマから外れてしまったのではないかと懸念されていた部分を証言調書から引用しておきたい（言葉遣いなど細部を少し修正）。

「逸失利益ゼロっていうことは、…あなたのお子さんは、今亡くなっちゃったけど、これから生きていっても、価値生まなかったんだよ、生きていっても意味がなかったんだよっていうことなんですよね…そんなことを我が子を亡くしたお母さん、そのご家族が聞かされたら、どういうことでしょうか、今までお母さんやご家族と何度もお会いしましたが、もう晃ちゃんの笑顔っていうのは、もう本当にすてきな笑顔なんですよね。それにどれぐらい慰められながらみんなで喜び合いながら生きてきたかってお話を伺ってるもんですから、それは今からこの先、生きていっても生きている意味がなかったんだよ、ゼロっていうことは、今まで生きてきた、過去の晃平君の生きてきた意味まで否定されてしまうんじゃないかって私は感じるんですね。だから、こんな21世紀の時代にね、障害がある、まあ働きは無理だろうっていう、そういう差別意識の感覚、何の合理的な根拠もないままに感覚的に定めてるんでしょう、それが今もまかり通って、この司法の社会にあるっていうのはね、納得できないですね。…逸失利益ゼロっていうことはね、生き生きとけなげにひたすら伸びようとしていた一人の青年の可能性っていうものを、真っ向から否定することにつながると思うんですよ。そういう意味で今度の判決は、どうかそこにメスを入れる判決をお願いしたいと心から思っております。」

藤本さんの見解は終始、客観的な裏付けを持った専門的なものであった。どうしても抑えられない憤りが噴き出した瞬間だった。

養護学校時代の友人（ママ友）が、施設とトラブルになっているらしいと知ると、いっせいに去って行った、しかし、晃平の命の重さをわかってほしいという一心で裁判を維持しているという伊藤さんの証言も胸を打つものだった。

最終弁論

これまでの主張・立証を踏まえ、総括的な主張を展開する最終弁論の期日は、平成24年2月20日に開かれた。

原告側としては、やれるだけのことはやったという手応えはあった。

最終準備書面の担当部分から一節を引用しておきたい。

「憲法27条は、「全て国民は勤労の権利を有し、義務を負う」と規定する。

憲法が勤労権を基本的人権とするのは、働くことが人間の根源的欲求であることに基盤を置いている。

こうした根源的欲求に基盤を置く、障害者雇用をめぐる最近の情勢は、すでに第3において述べたとおりである。

ここでは甲59号証の記事（＊注『女性セブン』平成23年8月4日号）に触れておきたい。

国内シェア3割と業界トップの実績を有するチョークメーカー「日本理化学工業」の紹介記

事である。同社では、従業員の7割、55人が知的障害者であり、内26人が重度知的障害者であることが紹介されている。

知的障害児が精神薄弱児と呼ばれていた昭和34年当時、精神薄弱児の採用を求められた社長は、いったん断ったが、養護学校の先生の熱意に押されて精神薄弱児を採用する。彼らは、単調な仕事を健常者以上の熱心さをもって一心不乱になってこなした。障害児の姿に心を動かされた社長が、どうしてそれほどまでにして働きたいのか疑問に思い、住職に聞いた。住職は次のように答えたという。

「人間の幸せは、人に愛されること、ほめられること、人の役に立つこと、人に必要とされることの四つです。愛されること以外の三つは社会で働いてこそ得られる幸せなのです。」

ここには、まさに日本国憲法が基本的人権として働くことを保障する趣旨が凝縮されている。働くことこそ、本来、人に幸せをもたらし、人間を人間たらしめるものなのである。

障害者雇用を前進させ深化させることで、日本理化学工業の業績は伸び、トップ企業となった。

社長は、全ての国民は勤労の義務を負うとの日本国憲法の規定を援用して「働く場所を提供することが国や企業の使命なのです」と断定した上、障害者の養護施設では一人当たり年間500万円の税金が使われるが、中小企業に雇用させ国が最低賃金である150万円を負担するようにすれば、ずっと合理的だと主張する。

障害者雇用の機会を増やすことこそが合理的な政策選択なのであり、第3の2において述べたとおり、わが国の政策は不十分ながらも、そうした方向へと転換しつつあるのである。

亡晃平のエピソードが思い出される。言葉を持たないにも拘わらず、朝礼の司会をかって出て、司会者の立つべき場所に立ち、一通り役割をこなして自分の席に戻ったという。亡晃平が、どう思っていたかはわからない。しかし、おそらく、人に役立ち、人に必要とされたいという強い気持ちがそこにあったと考えても、無理はないであろう。

亡晃平には、たとえ重度知的障害を抱えていたとしても、働く機会はあった。一心に亡晃平の成長を願うひたむきな家族の努力は、亡晃平の思いをくみ取り、必ずや働く場所を探し当てたのに違いないのである。

人に愛され、人にほめられ、そして、人の役に立ち、人に必要とされる、そうした幸せが、亡晃平には保障されていた。働くことを健常者以上に切望した、亡晃平の人生は、あまりにも無惨に、15歳11か月で断ち切られてしまったのである。」

弁論終結後、裁判所は判決期日を平成23年3月30日と指定した。

通常、審理終結後に必ずといっていいほど行われる和解の打診はなされなかった。裁判所は判決によって解決するつもりなのだ。

法廷後

法廷から出ると、法廷の出口で、先に法廷を出ていた伊藤さんが何人かに囲まれていた。何か質問を受けている。内容からマスコミの記者だということに、ようやく気づいた。みな熱心に伊藤さんの話に耳を傾けている。

これまで判決期日に多くの記者から取材されることは何度も経験した。しかし、最終弁論とはいえ、裁判所の判断が出ていない段階の法廷をこれほど熱心に取材する様子を見るのは初めてだった。

社会性のある事件、とくに新しい判例を得ようとする事件では、世論に訴えることは裁判に欠かせない活動になる。だからこそ、この事件も裁判を支援する会が作られ、最終弁論が行われることはマスコミにも伝えてきた。しかし、記者たちの熱気は弁護士の予想を超えるものだった。

毎回開いてきた期日後の意見交換会では、みな判決への期待を口にした。

藤本さんの意見書は行き詰まっていた就労可能性の立証にこれ以上はない裏付けを与えたものであった。裁判は押し気味に進んだ。結審後の取材は、すぐに記事になるわけではないが、判決に向けて、どの社も大きなニュースとして取り上げようとする姿勢を示すものだった。

突然の和解

裁判所からの連絡

判決期日まで1週間となった平成24年3月23日金曜日の夕刻近く、書記官から電話が入った。和解を試みたいので、週明けの3月26日（月曜日）は予定がつけられるかという問い合わせだった。

被告施設側（実質的には保険会社が負担するので保険会社の顧問弁護士が訴訟を遂行していた）は、原告の主張は理念に過ぎない、就職事情は悪化しているとして、逸失利益を認めることは、裁判実務を覆すものだとして、最後まで逸失利益を認めることに強硬な反対姿勢を崩さなかった。

対立の激しい事件は裁判所が強く和解を勧めても、決着がつくのに何ヶ月も要することになる。3月30日の判決を前提として手続が進められ、すでに判決書の起案も終わっているはずの時期に和解を勧めるのはいかにも非現実的だ。何を見当外れなことを裁判所は言い出したのだろうというのが率直な印象だった。

裁判所が和解を試みる事情は全く想像できなかったが、聞いたところで、書記官は「裁判所として考えるところがあり」とする裁判官の伝言以上のことを教えてくれはしない。とりあえず和解を勧めるために判決期日が延期されることはないことを確認して、3月26日に裁判所に行くことを了解した。

降って湧いたような話で困惑した。とりあえず中谷弁護士に連絡を取り、和解のための出頭を断った方がよいか念のために確認した。中谷弁護士も裁判所の意向だけでも聞いておいた方がよいという意見だった。

本人の了解も得る必要がある。翌土曜日、当事者である伊藤さんを呼んで、和解の話を伝え、当事者としていくらであれば、和解をしてもよいと考えるのかと尋ねた。当事者に金額の水準がわかるはずもなく、少なくとも逸失利益が認められたということがわかる水準であればよいとのことであったように記憶している。

ほぼ白紙の状態で、3月26日の裁判所の呼出に応じることになった。

和解期日まで

裁判所には被告代理人も呼び出されていた。

裁判所からは和解を勧めるに至った経緯と具体的な和解金額の計算書が示された。損害額が項目別に示され、逸失利益に関する算定基礎と、その算定基礎を用いる根拠も説明された書面だった。

せいぜいが和解金額の水準を示す程度のことだと予想していた。裁判所がここまで確定的なものを作成していることには困惑したが、判決を控えていくつかの計算方法を想定して出してみた逸失利益の金額としては、これ以上の金額にはならないであろうことが理解できる金額だった。

とりあえず、少なくとも逸失利益が認められたことが明記され、計算式がそのまま和解調書に記載されること、謝罪文が入れられること、公開法廷での和解とし、裁判所が逸失利益を認めた部分を含め和解文全文を読み上げることを最低限の条件としてもらいたいとの意見を述べて、持ち帰って検討すると回答した。

裁判所が全てを書面で提示していたため、打ち合わせはやりやすかった。期間は切迫していた。中谷弁護士と伊藤さんに急遽都合をつけてもらい、三者で、和解に関する打ち合わせをした。伊藤さんは、謝罪文には必ず「障害者の命を預かる者として」の義務を怠ったとの言葉を入れて欲しいとの強い希望があったが、その他は弁護士に任せるとのことであった。

この裁判には、支援する会が大きな力を発揮した。確実に傍聴に参加し、絶えず裁判所へ署名を届け続けた支援する会の存在なくしては、この裁判の維持自体がむずかしかったろう。支援する会の実務を一手に引き受けていた落合幸次さんには、和解の目処《めど》がつくまでは落合さん限りに止めてほしいとの条件で動きを伝えた。

頻繁な裁判所とのやりとりの末、被告側の同意も得た和解文が確定したのは、判決期日2日前の3月28日だった。裁判所の判断に基づく和解であることを和解の前文として入れてもらいたいという要求を除いて、原告側の条件はすべて容れられた。裁判所の考えに基づく和解であることは、同趣旨を和解文の読み上げに先立って口頭で述べるということで落ち着いた。

この頃は、マスコミからの事前取材が殺到していた。伊藤さんへの直接の取材申し込みだけでも10社近くに及んでいた。伊藤さんの家には食卓の前に晃平君の遺影が飾られており、テレビカメラを前にしたインタビューが繰り返された。わたしの方への問い合わせは、一日に30件以上に及ぶ状況だった。

むろん、この間の取材はすべて判決報道の準備として行われたものだった。和解の内容と手続が確定するまでは、判決期日を前提とした対応をせざるを得ない。記者の方には誠に失礼なことだったが、和解の動きを秘密にした対応は、やむを得なかった。

和解の確定を受けて、裁判所の記者クラブ宛てに判決から急遽和解になった旨のＦＡＸを入れることができたのは3月29日、期日の前日だった。

支援する会の人には、落合さんを通じて、急遽判決から和解に変更になったことを可能な範囲で連絡してもらうことになった。

和解

3月30日、公開法廷で和解が成立した。

裁判長は、和解文の読み上げに先立って、和解を勧告するに至った理由を次の通り述べた。

「当裁判所は、本件における亡伊藤晃平の死亡という結果の重大性と、生命の価値は平等であるとの原告らの主張にかんがみ、損害の公平な分担を図るため、本件を和解によって解決することが相当と考え、当事者双方に対し、和解を勧告しました。その結果、当裁判所の示した基本的な考えに沿って、当事者双方が和解を受諾される意向を示されたことから、本日、和解を成立させることとしました。」

この前段は、3月26日に唐突に呼び出されて裁判所から示された書面に記載されていたとおりの発言である。

結果の重大性、生命価値の平等という理念から、損害の公平な分担を図るために和解を選択したという。

和解条項の第1項は謝罪である。

「被告は、障害者の命を預かる者として、求められる注意を欠いた結果、被告の施設内において、亡伊藤晃平の転落事故を発生させ、死亡という取り返しのない結果を発生させたことについて、原告らに対し、心から謝罪する。」

問題となった逸失利益の部分は次のとおりだ。

「逸失利益

773万8370円

亡晃平には、就労の蓋然性までは認められないものの、就労の可能性は認められることに照らし、障害年金の受給額（98万8100円（障害年金（1級））を算定基礎とし、これに、ライプニッツ係数（15・6949）を乗じ、生活費控除として5割を差し引いて計算した」

その他、慰藉料や弁護士費用を加算し、総額で3711万2207円となった（差別的な慰藉料額は、従来の裁判例1500万円から2000万円に改められていた）。

おわりに

訴訟の葛藤

晃平君の裁判は、人の生命に差別があっていいのかという素朴で根源的な問いかけに本質がある。この普遍的な問いかけは、50年前にすでに西原道雄教授によって提起され、いまなお色あせることはない。

他方で、訴訟活動の焦点は、確立した裁判実務を踏まえ、具体的に晃平君の就労可能性を明らかにすることに集中していた。

一方で、普遍的な平等を主張しながら、他方では、逸失利益が現に存在することを証明しようとするという矛盾を抱えた訴訟活動が続いた。

逸失利益の額の認定は、規範的な評価である。

生命侵害という究極の不法行為において、人の命が差別されてよいはずはない。

裁判所主導の和解は、普遍的な理念と裁判実務の裂け目の中で生まれた一つの選択である。

なぜ和解なのか

判決前提で進行していた事件がなぜ、急転和解したのか、この答えは、和解文自体の中に書き入れられている。就労の可能性は認められるが、蓋然性は認められないと裁判所は判断していたのだ。

裁判所にとって、「蓋然性」とは、相当な高い確率でそうなるはずだとするハードルだ。確率で示すのはむずかしいが、感覚的に言えば、60%以上であることは間違いないだろう。

晃平君の裁判の係属中、平成21年12月に出された重度知的障害児の札幌地裁判決も、発語ができ、ひらがな・カタカナはむろん、簡単な漢字の読みもできる障害児の例であった。晃平君のように無発語の重度知的障害児の例は、存在しない。

藤本さんが具体的に思い描いた晃平君の姿は、小学部において適切な指導がなされていれば、晃平君は「重度知的障害児」等ではなかったとすること、そして高等部を通じて、中学部において晃平君の能力を飛躍的に伸ばしたような適切な指導がなされ、将来的に重度知的障害者が賃金を得て働くという就労環境が整うことを前提としていた。

その意味で、従来の裁判実務の論理との整合性を求める限り、裁判所が「蓋然性」にまで踏み込むことができなかったことは理解できないではない。

弁護士としては、逸失利益を認めない判決を受けて、控訴して争いたい気持ちもあった。しかし、結論が覆る可能性は客観的に見れば、小さいと言わざるを得ないだろう。敗訴判決を重ねることは、さらに晃平君に対する差別を重ねることすら意味しよう。

和解で認められた逸失利益の水準は、「最重度知的障害児」のレッテルを貼られた無発語の例として、画期的なものだということは確信を持って言える。

しかし、残念ながら、判決に比べれば、和解は、はるかに影響力は小さい。裁判の歴史の中に、これを確実に残していきたいという思いは強い。

公開法廷での和解という異例の方法を申し出たのは、和解は裁判所の選択によるものであること、裁判所の判断を公開法廷で明らかにすることによって判決の言い渡しに近い手続をとることで、和解を少しでも影響力のあるものとして残したいという思いからだった。

マスコミも、判決に匹敵する報道をしてくれた。

幸いにも、裁判を支援していただいた方々が、勝利和解と評価してくれたのは、ありがたいことだった。

生命の平等に向けた、小さくとも確実な一歩を晃平君は進めてくれたのだ。

晃平君の裁判を支援する会が開いたホームページには、和解を次のように紹介している。


法廷で、倉田慎也裁判長が冒頭で述べた言葉は、感動的でありました。「生命の平等を訴える遺族の主張を踏まえ、公平な分担をすべきと考えた」とのことで、実質的な大勝利と考えます。

これは、障害者に限らず、非正規労働者、失業者、主婦、高齢者、乳児など、「逸失利益」の少ない人々に対する全体的な底上げを示唆した和解案とみます。どこの誰でも、このくらいの逸失利益は認められるのだ、という意味でもあり、同時にこれは被告との和解合意であったために設定できた金額、とも受けとめられます。

異例の急展開をしたところからみて、世論や支援の力の大きさを改めて実感した終結でありました。

世の中は変わる。一歩一歩だが、確実に変われる。晃平君は、私たちにそんな希望をくれました。（竹内彰一）

勝訴しても失われた命が戻る訳ではありません。しかしこれが障害者を始め弱者の人権の尊重を前進させるなら、ひとつの花を咲かせたことになるでしょう。

「一粒の麦もし地に落ちて死なずば、ただひとつにてあらん。死なば多くの実を結ぶべし」（sleeping bear）

（なお、晃平君の裁判については、支援する会のホームページに全ての主張関係と主要な証拠関係と支援する会の文書が、そのまま掲載されている。「障害者の命の代償に平等と尊厳を求めて」http://smile.sa-suke.com/）

晃平君の16年間の足跡をたどって

藤本由紀子（元日本心理教育研究所研究員）

はじめに

伊藤晃平君の逸失利益裁判を巡って私に課せられたことは、「重度」と診断名に冠せられた自閉症の晃平君が、生きて、近い将来社会人となった時、彼の就労はどのように考えられるか、その就労の可能性について法廷で証言せよというものであった。この裁判は障害がある故をもって、〝逸失金ゼロ算定〟（生きていても利益がない）という、いのちの全否定にもつながる司法界の悪習に抗するものであって、身の引き締まる思いに打たれたことを覚えている。

私は当時（平成22年）名古屋市内にある「日本心理教育研究所」（以下ＪＰＩ）で一研究員として言語障害児の言語指導にあたっていた。地方の県立大国文科を出て昭和41年愛知県で教鞭をとり21年間在職後転職、以来ＪＰＩに70歳で退職するまで、種々の障害に起因する言語障害児とのセッションを重ねた。ひとえに声のない子には有声音を、有声音のみの子には有意味語を、単語レベルの子にはセンテンスへと、日本語の体系にそって、その子の言語症状にみあった教育――これを公教育（学校教育）に対して「治療教育」という――に従事してきた。

さて、晃平君の「就労の可能性」について、その証言をということであるが、16年間（正確には15年11ヶ月）生きていた晃平君に、私は一度も出会っていないというのが厳然たる事実。一度でもいい、会ってこの目で感じ、確かめることができたならまだしも、彼が痛ましい死を遂げたあとのこと、どうやって?! 未来を証言する?! そんなことが可能か?――、反問の中のある日、ドサッと山積みされたノートが。幼児期から死の直前までの記録ノート、通園通学の日々の出来事が、担任と晃平君の母とによって交換されていた「連絡ノート」である。十数年間にわたる晃平君の情報が詰め込まれている。これが母の伊藤啓子さんの手によって大切に保存されていたのである。後にお母さんは「このノートは晃平が大きくなったらこんなだったよ、と話してやるのを楽しみにとっておいたもの、晃平は必ずしゃべるようになるって家族みんな思っていましたから……。このノートは、私のもう一人の子どものような、そんな思いがありました」と語られていた。

人間の生誕から死までの発達――その発達にはある一定の道すじというものがある。多くの研究者によってそれは明らかにされているもので、サンプルを集め、統計的に処理され、1

歳までは月齢ごとの行動様式（喃語より初語、寝返りからハイハイ、おすわり、つかまり立ち、歩行へ）にそって発達の様相、特にその順序性は明らかになっているし、年齢を追うごとの活動も概の平均値で示されている。そうだ、この記録の拾い出しだ、発達領域ごとに晃平君は何歳でクリアできているか、それさえ拾えば、この発達の道すじに照らして晃平君の発達の姿が像を結ぶにちがいない。この仮説のもとに、16年間の晃平君の生きた日々の記録の洗い出し作業に没頭した。記録とは知的財産の最たるものというが、まさしくこの連絡ノートとの格闘の日々は私の頭の中で、晃平君は死者ではなく、生きて生長してゆく、かわいい男の子となってついには高校1年生となり、就労の可能性までを示してくれる存在となった。晃平君は私の中で生き返って、社会人になるべく力をたくわえていた。この可能性を持つ若者が、ショートステイの夜、真っ暗な階段から落下して絶命……。

ここに、裁判終結後の今、この痛ましい晃平君の一生を再び見直す機会を得た。今一度、障害児の発達と教育という視点から、心を込めて晃平君の足跡をたどる。この貴重な足跡から何が見えてくるのか、遺影の晃平君のまなざしが言う、「なぜぼくは階段から落ちなければならなかったの?」――この問いに応えなければ、その思いに背を押されながら、この報告をつづることとする。

「公教育」と「治療教育」

もう30年程前になるが「公教育」に従事していた私は、44歳で転職し「治療教育」の現場に飛び込んだ。転職の決め手は二つ、母がクモ膜下出血に倒れ、おしゃべりを旨とする人間が、無発語状態になっていたこと。なぜ母はしゃべれなくなったのか、いったいことばをしゃべるとはどういうことなのか、それまで考えたこともない疑問が始まっていた。その日も入院先の夜9時の消灯を見届け帰宅。何げなくつけたテレビで、NHK浜松支局制作の「言語療法士が足りない！」という番組が放送されていた。

大人の脳血管破裂の後遺症のひとつで、言語障害、失語の患者を対象に、ことばの回復を専門的にアプローチする人達、スピーチセラピスト、言語療法士という。頭文字のみでSTとも呼ぶ。まさに私の母の言語症状と同様の人へのアプローチ、目も耳も釘づけになったことを忘れない。

このころ私は松葉杖生活、野球選手や登山家が見舞われるというジョイントマウス＝「関節鼠」を病んでいて、勤務先の校舎の階段だらけの暮らしに途方にくれていた。公教育の、新設校を皮きりに始まった「管理教育」が大手を振っていた時代で、〝服装の乱れは心の乱れ〟を合言葉に、こと細かな校則を定め、違反者に「非行」というレッテルをはる生徒指導が盛んであった。スカート丈の規制はもちろん、頭髪の前髪は眉下1センチまで、朝礼で竹製30センチものさしを振りかざし、犯人探しをする警官の目つきになっていく自分への自己嫌悪。こんなはずではなかった……。石川達三の『人間の壁』に登場する尾崎ふみ子先生にあこがれた、あの少女の時代と四十代の自分の姿とのおぞましいばかりのギャップに、登校拒否寸前になった。

言語療法士か！　うん、おしゃべりならまかせてほしい。しかもこの仕事なら座ってできる。母のことばを取り戻せるかもしれない。

いっさいの迷いなく、夫からの二つ返事を得て受験。「言語訓練専門職員養成学校」（現・日本福祉大学中央福祉専門学校言語聴覚科）の学生となった。最初の講義で〝治療教育とは？〟と教わった。初めて耳にすることばであった。その日まで公教育しか知らなかった私は、文科省選定の教科書があり、単元学習として、生徒が学ぶべきことがらが用意されていて、生徒が望むか否かは不問、あてがわれたお題目を黙々と暗記させ大学受験、就職試験に備えさせる――自分もずっとそうしてきたし、そうすることが日常の教育の営みなのだと空気のように了解していた。〝はじめに単元ありき〟これが、治療教育では真逆のことであるなどとは思いも寄らぬことであった。ドイツのシュタイナー教育、その流れをくむ自由学校もちらほら耳にはしていたが、よもや治療教育の世界では、発想が逆転するなんて知る由もなかった。〝治療と教育なのですよ〟、いとも簡単な説明をもらったことを鮮明に記憶している。

今ふり返ると、公教育の貧困と治療教育の豊かさがあらためて実感される。これも自明の理ではあるが、そもそも「学校」そのものが経済の原理にもとづいて創設されている。ヨーロッパの貴族社会ではおかかえの「教師」がお屋敷内にいて、そこの子女の一人一人に教育を施こしていた。そのスタイルでは大変コスト高だから、一斉に子どもを集め一斉に教えるべきことを注入する――こうして安あがりの教育システムとして「学校」が成立した。ここに公教育の貧困の根っこがあるのだろう。何を学ぶか、自らの意志でセレクト可能な大学教育はさておき、日本の小・中・高での〝はじめに単元ありき〟の教育とは正反対のアプローチが、治療教育のスタート地点であった。

まず「治療」というターム、これは医療界のことばだ。心身が痛む、病む、欠損したその諸症状に照らして最適な方法が選ばれ、病状を回復させ、欠損には補装具等をもって充足させる、これが「治療」という行為。この行為に「教育」がプラスされて「治療教育」であると。私がこの治療教育の現場に入り体感した大きな驚きは、あらかじめ用意されているこれこれという指導内容が存在しないということ。むしろその逆で「あってはならない」と言うべきか。「はじめに単元ありき」の公教育とちがい、「はじめに子どもありき」「はじめに症状ありき」なのである。つまり治療されるべき子どもの言語症状がまずあること、それを改善すべく、何を、どう、教育的営みとして展開していくかが基本となる。さまざまな年齢とさまざまな症状をもつ言語障害児たち、10人いれば10人全てが異なる言語症状を呈する。一人一人に何を治療の対象とすべきか、それを見誤ってしまうことは許されない。教育的診断の重要さは医師が毎日の臨床で医学的診断をする重要さに変わりはない。その子一人一人に適したアプローチが求められ、それが準備され、継続されていかない限り、その子の言語発達、ひいては全人格的発達は望めない。

公教育の世界では、例えば高校3年生の現代国語を担当するならば、1組から8組まで教科書の単元にそって8回を同じことをくり返すことが仕事となる。教科書に採られていないテーマ、例えば原爆、公害、ひめゆりの塔などプリント教材で扱おうものなら「先生、それって受験に関係ないですよね、早く教科書をすすめてください」と生徒たちに言われてしまう。

今にして思うが、私にとっては何とタイムリーな母の発病であったことか、管理教育の流れを個人の力で変えることは不可能、沼底のヘドロの中に埋ずもれているようなそんな自分を救いだすのは今しかない。私の転職は実は、言語障害児のことばの発達のお手伝いをしながら、私自身が救済されたのだと今さらながら痛感する。治療教育の豊かさについては次で述べるが、晃平君の受けた「公教育」を検証する中で自ずと感じ取っていただけると思う。こうして晃平君の足跡をたどる作業を可能にしてくれたのも、私が治療教育の豊かさの中に生きていられたからと実感している。

晃平君の16年間の歩みの示すもの

伊藤晃平君と生前ただの一度も出会っていない私が、晃平君の足跡をどうやって拾い出せるのか？　それは、晃平君のお母さんのお力によるところが大であった。通常発達の子どもでも就学までの園生活ではこの「連絡ノート」が子どもの一日の、園での様子、家庭の様子を知る大きな手がかりである。ましてことばを持たない晃平君であってみれば、教育の側も、家庭の側も今日一日の様子、活動ぶり、ことば、食べっぷりとどんなことでも文字になって知らせあえるという大切な役目をになう「連絡ノート」である。お母さんの伊藤啓子さんは、これを全39冊、大切に保存されていたのである。

伊藤晃平君逸失利益裁判において、要《かなめ》ともなる晃平君の就労の可能性、これをどう裁判官に届けるか――、これが私に課せられていた。16歳――正確には15歳11ヶ月――の高校1年生でいのちを断たれた晃平君の力は、どこまで発達を遂げていたのか。幼児期より就学を経て小学生時代、中学生時代とどのような姿を見せていたのか。それをリアルに伝えてくれるものがこの「連絡ノート」であった。

ホモ・サピエンスとしてのヒトの発達の領域を、食べること、運動する力、移動する力、着席行動、排泄行動、感覚あそび、他者とのかかわり、操作能力、音声、知的活動と作業、指示の理解の各領域ごとに、晃平君の様相をこの「連絡ノート」より拾い出し、別表に一覧表として示した（135頁）。この一覧表の語るもの、見えてくるものが、晃平君の発達とその発達を支援し、促していくはずの「教育」の在り様に、これだけ多くの問題をはらんでいるとは、正直、「意見書」提出の段階ではここまで感じとれていなかった気がする。裁判では私の提出した「意見書」甲第53号証をもとに法廷で証言する私に、裁判官がしっかりと私の目をのぞき込んで聞き届けてくれたことが非常に深く印象に残っている。

さて本題にもどる。別掲の「伊藤晃平君の15歳11ヶ月（死亡）までの歩み抜すい一覧」を見ながら読みすすめていただきたい。Ⓐ~Ⓚまでの領域別を縦軸に、5歳より1年ごとの晃平君の姿を横軸に示した。名古屋市通園施設「千代田学園」での療育のスタートから、小、中、高にわたる晃平君の姿が読みとれる。「就労の可能性」という裁判上必要であった視点での分析はすでに「意見書」に明らかにした。よって本稿では私に与えられたテーマ「伊藤晃平君の発達と教育」の視点から晃平君の足跡より見えてくるものを述べていく。一覧のⒶ食行動Ⓑ運動Ⓓ着席行動については比較的問題点なく伸びを示しているのでここでは割愛し、Ⓒ移動より述べる。

Ⓒ移動

平成8年4月より就園、晃平君5歳。ヒトにとって「歩く」という行為はまさしくヒトたらしむるというか、四つ足動物を卒業して、二足歩行の獲得こそがヒトになってゆく出発。晃平君は2年をかけて、平成10年3月、「オンブ、ダッコを言わなくなった（＊筆者注　そのしぐさを見せなくなったの意であろう）、友達としっかり手をつないで歩く」と記録されている。千代田学園の指導者集団の並々ならぬ療育の実践が見えてくる記述だ。就学の春である、オンブ、ダッコからの離脱は、ひとえに集団の中での大人の対応にかかっている。こうして就学の1年生、5月になれば、そろそろ学校にも慣れてきた姿が見える。「遠足の歩行練習で自分から手をつなごうとした」とある。自閉症の子どもは、いや大人でも他者と皮膚が接触することは好まない。それでも晃平君は、歩いて、手をつなごうとしている。千代田時代に獲得していた「歩行」がやっと就学という大変化を経て、常態のものになろうとしている。自閉症の人にとって、変化ほどつらく困乱を招くものはない。病気の特徴のひとつが、常動行動を好む、常に同じことで安心してくらせるという側面をもっている。その苦手な大変化をのりこえて、晃平君は、歩きはじめていた。伸びよう伸びようとする発達の芽がここに認められる。

このまま、晃平君の「移動」の力は育ったか？　ここまで育っている、当然育っていく、と予想するところであるが10月、運動会の季節に、何あろう「運動会の練習でいろんな先生にだっこしてもらう」のだ。そこから小2、小3、小4の3年間は残念ながら記録なし。小5の5月、「歩きたくないの意志表示あり」の記録。歩けていた晃平君が、歩かない晃平君へ。だっこしてもらうことで、自力での歩行の困難から逃げてしまっている晃平君。いや正しくはいいいい逃してしまった大人のあやまちを、ここにはっきり認めなくてはならない。小1の運動会でいろんな先生にだっこしてもらう晃平君。これは、発達と教育という視点でながめる時、言語道断である。運動会という学校行事を通して学校教育は子どもの何を教育の目標としているか、一人で歩く、走る、跳ぶ、そんな身体の健やかな成長を願い、ハレのその日、発表しあう、それが「運動会」であろう。ところが練習時点で、晃平君を励まし、支援し、その力を育てるべく大人たちは働いているか？　否である。だっこだっこと身体でせがむ晃平君を「いろんな先生」がだっこしているのだ。育てるという使命を放棄し、いやむしろ、だっこしてもらったことを、まるで〝幸運〟のように連絡帳に記入する。ちなみに治療教育の現場では、課題設定（ここでは「歩く」）後、その目的遂行のためにはS‐R理論という療法を用いる。アメリカのスキナー博士によって確立された行動分析学の基本で、S＝刺激、R＝反応で、さまざまなS（刺激）を用いてそのR（反応）をひき出す。「歩く」という正反応をひき出していくのに、最も避けるべきは、「歩く」の逆、「だっこ」は、禁忌である。どうすれば「歩く」をひき出せるか、その一点に心血を注ぎ、創意工夫をこらして格闘する、そこにこそ指導者の力量が問われる。それが治療教育であって、「歩く」という正反応をひき出すのにここでは教師自らが、「歩かない」（おんぶ、だっこ）という不適切反応を与えてしまっている。あまりな非専門性、それがひきおこす混乱の中に、晃平君は学校生活を送っていたと考えざるを得ない。こうした学校の在り様は、実は以下、晃平君の歩みのどの発達の領域にも大きな影を落としている。

Ⓔ排泄

さてこの一覧表で、5歳・6歳時点の晃平君の姿と、各学年での姿とをよく見くらべてほしい。就学前の晃平君は、失敗はあるものの明らかに尿意便意の認知はあり、かつ「一人でトイレに行きおしっこ」は成功しているのだ。大を失敗した時は「パンツをぬぎすててあり」きちんと気持ち悪さをキャッチしていて、この姿から、将来の晃平君が「重度」「最重度」と呼ばれる姿を想像できようか？　私は、おしっこもウンチも出ていても何らキャッチできない子どもを見てきたが、晃平君のこの就学前の排泄行動に、そんな「重度」なものを見てとることはできない。高1の晃平君を見てほしい。死の半年程前の姿である。トイレサインの定着なし。高1の担任は懸命に導こうとしている。死の3ヶ月前、「失敗3回、何かリズムがくるって」いると。ここだけを見て〝排泄の自立のない高校生か、こりゃ、最重度だわ。こんな重度なら何やってもわからんわなあ〟、こう納得してしまう教師を私は何人も見てきた。晃平君の各学年ごとの排泄にかかわる記録を一気に横軸にそってながめてみると、どんなことにお気づきになろうか？

小3で「排泄とトイレが結びつきかけているんですねえ、うれしいことです」。この記述、おかしさも悲しさもつき抜けて私は怒りで叫びそうになる。就学前の晃平君と、小1・小2の晃平君の姿をよく見てみると、「初めて学校のトイレで大、成功」し、「大、出て教えることもある、ほめるとうれしそうにニコニコ」、そしてついに10月、「トイレへ一人で大を一人で成功は初めて」と。小1ですでにこんな力をつけている晃平君に、小3になると「排泄とトイレが結びつきかけて」との評価。まさに子どもを見ていない。いや、それ以前に子どもの発達の変容を探る目を持ち合わせていない。ここに実は、晃平君が学んだ公教育の落とし穴が潜んでいたと私は感じている。

子どもの豊かな発達をと、その願いのもとに育てられる子どもは必ず伸びてゆく。小1、小2の晃平君の姿を頭に入れてさえいれば、晃平君は小学校低学年で、排泄からの自立は実現していたと思われるが、残念ながら文字通り逆行してしまったと評価せざるを得ない。なぜか？

晃平君のⒿ知的活動と、Ⓚ指示の理解の記述を見てみよう。一度獲得した、あるいは獲得しかけていたこの排泄行動の自立が、逆行していく要因としてこれらⒿ、Ⓚの力の在り様に疑問を持たれるであろう読者のために心して付言する。小1、小2「手をつなごうでつなぐ」「すわってですわる」「ドアしめてでしめる」「靴のマジックテープ片手で取れないと両手を使ってとる」「夕食時、ごはんだよで言われなくても自分の椅子を持ってくる」、小4「法要で静かにしていた」「母が体調を崩して寝ていると実に静かにしている」、小5「母が（晃平君の）姉にパジャマを着せてほしいと話しているのを聞きつけて、タンスよりパジャマを取り出し持ってくる」、小6「絵カード、指示された名称（のもの）を一枚とってくる」「丸みのある大きい積み木に、窓枠につかまり工夫して（動かないよう）のっかる」「写真と実物のマッチングができた」「朝の会だよ、で椅子に座る」、中1「本をみてすごしている（家）」、中2「学級集会で〝あいさつしてくれる人〟の呼びかけでさっと前に出てきてあいさつ終わるとスタスタと自席へ戻る」、中3「買い物学習で一番最後だが、レジをちゃんと並んで静かに待っていられた」と。晃平君の歩みを、視点を変えてこうしてながめてみると、晃平君という少年のひらめきのよさ、理解力のよさは増大深化していく姿が確認できる。ここでいよいよ高校生活。編み機でナイロンたわしを製作する作業、完成までに4ヶ月、夏休みを除くと3ヶ月だ。高校生になってこんなにも発達のめざましい晃平君が、何故10年以上をかけて排泄からの自立がかなわなかったのか？　かなわないままに非業の死を迎えてしまったのか？

お母さんへの聞き取りの中でこの疑問は解消した。晃平君の担任は、1年ごとの交代であったと。義務教育の9年間のうち、一回だけ中1の担任が中3で再び担任。それを除いて全て1年間のみの晃平君担当であったという。

想い起こすエピソードがある。昭和の後半から平成初めのころの特殊学校の現場では、より重い障害児を、みんなでその大変さを分かち合おうと、1年間のみがまんすれば、その子の担任は逃れられる形をとっていた。大変だけれど、まあ、ともかくも1年間はこの子をケガをさせずにすごすしかない――と。そして、平成に入ってから私の治療教育の現場で、通所する障害児の母たちのこんな声を聞いた。「あのね先生、特殊学校ってとこはね、何もしてくれないとこだよ。この子をただただお守《も》りしてくれるところ。できなかった何かができるようになる、そんなことは何ひとつ期待しちゃいけないんだよ。その証拠に、ハサミひとつ9年かけても使えないんだよ、お守り、お守り、お守りだけですってば……」。その声を聞きつつ、「はあ、そうなんですかあ、まあ」と口をにごしながら、よもやよもやと心の底ではお母さんたちの話を受容しきれないものがあった。

今、この伊藤晃平君の16年間の足跡をたどる中で、私のそんな甘い判断はくつがえされてゆく。そうか、そうだったのか。各学年ごとの記録のあまりな無茶さかげんは、その帰結なのだ。1年こっきり見ていればよい、その前提で子どもの前に立つ。当然、去年まではこの子はどんな発達の芽を伸ばしてきていたか、それを今後どう生かすか、また伸びていない領域はどれか、それをどうやって課題展開するか。そういう治療教育での基本作業は無視され、年間指導計画は作成されず、よって引き継ぎ作業も形のみに流れていく。1年ごとに、初めて晃平君の排泄の姿に接し、「排泄とトイレが結びつきかけているのですね、うれしいことです」と書き、毎年毎年「初めて成功」と認知され、その上に時間排泄というきまりきった排泄指導に終始する。高校生になっても「排泄のリズムが狂って」しまう、これはもう当然すぎる「狂育の成果」であったのだ。晃平君の力が不足でリズムが狂ったのではなく、学校教育の在り様が狂わせていたのだ。

杉山登志郎『発達障害の子どもたち』（講談社現代新書・2008年）より引用すると、クラス担任が毎年交代することについて、

「通常教育、特別支援教育を問わず、担任が毎年変わる状況では、自閉症グループの児童への十全な教育は不可能であろう。児童と教師との擦りあわせが可能となるのは、十一月を過ぎたあたりであり、三学期になるとやっと相互に信頼が取れた活動が可能となる。」

ところが、また担任が変わることで「新学期に大混乱となるのである」。

まさに伊藤晃平君の育つ様を言いあてている。つまり、自閉症研究及び治療の第一人者の杉山先生をして、毎日の臨床の中で、学校での自閉症の子どものネグレクトされた現実にこう警鐘を鳴らしているのだ。「毎年交代」では「十全な教育は不可能であろう」と。その代表選手とも言えるのが、何とこの伊藤晃平君であったということ。高校生で排泄の自立のない子、実は「重度」でも「最重度」でもなく大人のまちがった対応、学校の教育体制によって「重度」

に育てられてしまっていたと私には思えてならないのである。

Ⓕ感覚遊び、およびⒼかかわり

多くの自閉症の人は、うっとりと感覚の世界ですごすことが多い。これは自らの著書（『自閉っ子、こういう風にできてます！』花風社・２００７年）で、ニキ・リンコさん（自閉症者で翻訳家）が語っている。ズタズタに傷ついた神経をこうして回復しているのだと。晃平君も小さいころから砂あそびが大好きで、いつでもどこでもこの砂ほりをするため、指先に血がにじむことがあってもやめたりしなかったという。さてこの行為、諸々の場面で本来遂行すべき活動を停止させるため、やめさせたい。学校ではどう対処されたか？

小１では「こうしちゃダメ！　一言でやめるようになった」とあるものの、小学校時代でコントロールしえず、中１でようやく専門的な指導に出合うものの、「まだ不充分である」と。そして小２での晃平君は「ニコニコ近寄って髪ひっぱり、なんでなのか分かりません」との担任の記録。ゆらゆら揺れる、キラキラ光る、そうした刺激に対して、感覚あそびが触発されてしまうという自閉症の行動様式のイロハに相当することがらである。毛髪は縛ること、ブローチ、ボタン等光りものは身につけないこと、自閉症にかかわる大人の常識であるが、小２の担任は「何でかわかりません」と記録する。自らの無知、非専門性はつゆほども疑う目を持ちあわせず、不適切な反応（ここでは髪ひっぱり）を示す子どもが、問題と言わんばかりである。

不適切反応にどう対処するか、これも治療教育の現場では基本、まず、不適切反応を起こさせない、これが鉄則。毛髪をゆらゆらさせない、縛ることでそれは解決する。「ダメ！」はダメ。これも鉄則。不適切反応をする子どもにとって「ダメ！」は、四六時中あっちでもこっちでも聞かされ続けたことば。「はっ！」と一時的にはやめたとしても、本質的解消には至らない。なぜならこの一言は、「ダメ」と禁止することのみは伝えているが、ではどうすればよいか、その答えを何ら伝えていないのである。大切な書類を今破ろうとする、その時「ダメ！」で、一瞬動きは止まる、しかしそれだけであって、「破らない」という正反応の定着にはなりえない。「捨てない」「たたかない」「やらない」「やめて！」これでよい。禁止表現でなく否定形表現、これをくり返すことで、子どもたちは音声の意味を場面言語として理解し、その場面のくり返しの中で〝ああ、破ってはいけないのだなあ〟と了解してゆく。そうして自己の動きにブレーキ作用を効かせる子どもに育つ。ブレーキがかかればしめたもの。治療教育では、ことばの窓を開く、すなわち、不快な状況に子どもを置かない、常に〝快〟の状態に対面することが求められる。私たちだって初対面の人に、〝あっ、この人とはモノいわんとこう〟とことばの窓を閉ざすことがある。指導のブースでは常に快状態であること。子どもたちは、どんなに重いお子さんであっても「ここへ来るのが大好きなんですよ」とモニターテレビで、ブース内のわが子の様子を熱心に観察するお母さん方は口を揃える。それだけ言語障害児は、禁止の世界に追い込まれ、家庭においてすら、まして学校では、禁止禁止の波に洗われ、自らが主人公である時間はどこにも保障されていない。ひとたびブースに入れば、この1時間は、ぼくが、私が主人公の時間！　嫌うはずがない。

さて小2の晃平君は、4月にまた担任が変わったことで大混乱に。教室内をうろうろと落ちつかず、スキあらば外へ脱出。信じられないことだが、事実担任は在校中、常に晃平君の腕（手首）をむんずと捉えてすごしたという。ついに晃平君は登校拒否になり、お母さんは思いあまって児童相談所へ。そこから学校への指導が入り、ようやく登校可能となったのは2学期のこと。

やっと安心できたであろう晃平君に、12月、「窓枠にいたので声をかけたら激しく怒って泣く（何か気に入らなかったらしい）」。なぜ、激しく、怒って、泣いたのか、分析なし。先に引いたニキ・リンコさんのエピソードを紹介すると、ある日、銀行ATMの長い列の中にいてやっと自分の番、後ろにはまだ長い列、あせって操作ミスをくり返す。その時、背後から耳元で「どうしました？　お手伝いしましょうか」の声。私たちからすれば何でもない風景であるが、リンコさん曰く「ああ、この瞬間、おそろしい恐怖がおそった、そして、今自分がピストルを持っていなくてよかった、もしピストルを持っていたら即座にひきがねを引いていただろう、それほどの恐怖を持った」と書いている。ご存じだろうか、自閉症の多くの人たちは身体図式の理解が私たちとは違っていること、幼児には「背中」というものの認識はないとのこと。見えないことは、即無いこと。故に背後からのかかわりは恐怖でしかないこと。これは自閉症の教育では「禁忌」なのである。

晃平君は、やっと先生から腕を捉えられることがなくなり、安心しかけていたであろうところを、この恐怖に見舞われたのだ。悲しくて泣く、気に入らず泣くなんかではない、こわかったのだ。百歩譲って、そんな知識がなかったとしても、「怒って」泣いているのだ。「ごめん、ごめん!」と抱きとってほしかった。いや、それができないからこそ、晃平君は混乱につぐ混乱の中で、いたずらに学年が進んでいったのだと言わざるを得ない。ここでも、学校の大人の無知と非専門性に傷つけられていく晃平君の姿が見える。

2005年刊『発達障害支援法ガイドブック』(河出書房新社)によると、それまでの日本の障害児教育の歴史の中で日本の公教育の欠陥として、教育施策がその根本において障害者教育の専門性を不問とするシステム――普通免許しか持たない教員も特殊教育に従事してもよい――であったこと、そしてこの国の教育制度の中に「発達障害」という枠組みが欠如している、いやいたこと――(133頁「追記」参照)、そのため、障害者教育の専門性は「低いレベルにあり、それは、程度の差こそあれ、養護学校から通常学級までの共通した状況である。その結果、就学前療育の成果が教育につながらず、学年進行に伴う教育の一貫した積み上げは、崩壊し卒業就労を見通した教育の組み立ても十分ではない。教育のこういった状況は、発達障害の子どもたちの社会的自立を阻む大きな問題となっているのである」と。この分析は２００５年、つまり晃平君が中2の頃のこと。この年を私たちは〝自閉症元年〟と呼ぶことがある。超党派による立法として発達障害者支援法が成立し、ようやくこの国にも「発達障害」という概念が現場のものになってゆき、それまで自閉症は、緘黙《かんもく》症等と同じく「情緒障害児」としてくくられていて、何ら脳科学に裏打ちされた教育法が用いられてなかったため、みごとに晃平君の足跡が示してくれたような無茶苦茶が横行していたのである。教員一人一人の責任もさることながら、この国の教育システムそのものにその因があった、そのため、抜本の見直しのもとに自閉症教育は大きく様変わりすることとなってゆく――それが、〝自閉症元年〟と呼ばれるゆえんであろう。晃平君の死はこの自閉症元年よりわずか3年目のことだ。いかに無為無策の公教育の中で晃平君は育てられてきたのか、お母さんたちの訴えのとおり「何もできるようにならない」、いや、できていたことすら、逆行、退行となって、ついに晃平君はこの世を去っていったのである。

Ⓗ操作―ハサミの使用を例に―

一覧表Ⓗ操作の小4の記録、4／26と6／20の記述を検証する。まず4／26では「切る方向の指示があれば、チョキチョキと切ることができた」とある。ところが6／20になると「(先生が)手をそえて切ると気に入らなかったのか、手をぬいたり紙を持たなかったりする」。小6の5／22では「おり紙をハサミで切ることはまだ一人では切れない」と。小学校教育6年間をかけてハサミの使用が成立していない。このことをして、〝ああ、重度だ〟と感想を持つ人の多いことは言うまでもない。治療教育の現場で私は、ハサミの指導は次に示す10のステップを設定し、ハサミが使えるまでを慎重に、ていねいに、スモールステップでのぼっていく。晃平君が小4の時点で、どのステップまで発達してきていたか、「手をぬく」「紙をもたない」という不適切反応が出現したのはなぜかについて以下に明らかにする。

〈課題〉ハサミの使用

〈ステップ1〉

モデリング……紙とハサミを提示しth（セラピスト）がcl（クライエント）の目前で、その使い方をゆっくり切ってみせる。ハサミの丸い部分に指を入れる、その指を（第一指＝親指と第二指＝人差し指）開閉させることで、ハサミの刃の部分も同時に開閉するという事実を視覚的にそして皮膚感覚として確認させることで、ハサミ使用の理解を促す。

〈ステップ2〉

マニュアルプロンプト（以下mpr、全面介助）…thが手をそえることでclと一体となってハサミの開閉運動をくり返す。チョキチョキという音と指の動き、ハサミの開閉の動きが楽しくなるまでくり返す、この段階で紙は使用しない。

〈ステップ3〉

楽しくなったところでmprをフェードアウトする、つまり手をそえることをやめて、cl単独で開閉運動をくり返す。チョキチョキがリズミカルな動きとなるまで続ける、まだ紙は用いない。

〈ステップ4〉

いよいよ紙を用いる。刃渡りの巾以内の細長い用紙（紙の厚さ＝強度も3段階程用意するとよい）を提示しthがclの広げているハサミの刃の中へ紙をさし入れる。「はい、切るよ！　チョキ」ここでclが自力でやれる時は即時にmprを中止。まだ自力では不安げであれば、thは手をそえてclといっしょに切る。このステップを〝一回切り〟と私は呼んでいる。ともかくも一回ハサミを閉じたら切れたんだという体験をていねいにていねいに見つめさせる。「うわあ！　○○君、切れたねえ!!　ヤッタねえ！　じょうずじょうず」即時の強化子（ごほうび）

を与える。強化子とは、目的とする正反応が現出した時、その行為、活動が、持続しかつその出現回数を増加させるために用いるもの。ことばでの場合、無発の子どもへは、その子の大好きなもの、例えば、晃平君の場合なら〝砂にさわらせる〟が最適と思われる。これをやればあれ（強化子）がもらえるというつながりによってclは正反応を持続させ、ついには課題へ意欲的にとり組む姿勢を確立する。このハサミの指導で、初めて紙が二つに切れた瞬間のclのよろこびの顔や声に接することはthにとっては、無上のよろこびとなる。

〈ステップ5〉

ステップの一回切りをclがあきるまで試行させる。

〈ステップ6〉

いよいよ線上切り（線の上を切る）へ進む。これまで使用していた細長い刃渡り幅以内の巾の用紙に縦線を入れたものを提示する。「はい、今度はこの線の上を切るよ」で、mprにて線上切りをさせる。この時clの視覚認知力に（見え方）に応じてこの縦線の太さを調節することが肝要である。

〈ステップ6〉

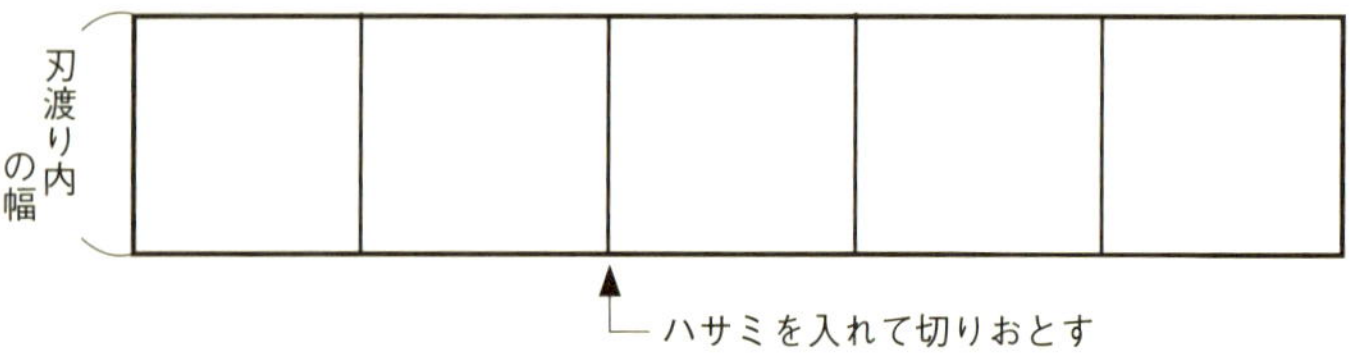

〈ステップ7〉

clがあきるまでステップ6をくり返す、正確に線をそれないで切り落とせるまで続ける。

〈ステップ8〉

いよいよ直進切り（連続切り）へ。「はい、今度は線の上を進むよ」「チョキチョキつづけていくよ」。用紙は縦長で、中央に直線1本。はじめは比較的太い線を提示すること。clは太さがあれば安心してハサミを進められる。太ければ太い程線上をそれるそれない範囲が広く切り易いのである。逆に難易度をあげるには、この線を少しずつ細くしていく。

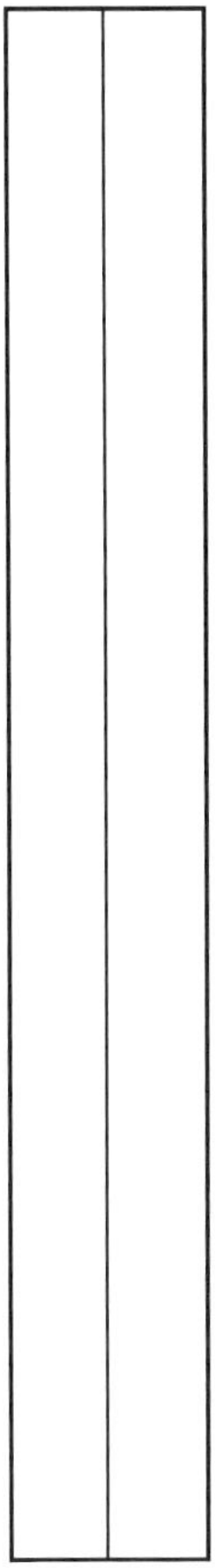

ハサミを入れる

〈ステップ9〉

やっと最終ステップへ。形の切りぬき。ここではモデリングのみ。四角形、三角形、円形の順に試行すること。これら3図形の描かれた用紙を提示、いずれのステップでも必ず新しい課題の時はまずはthがモデリングすることが大前提である。切り取った□、△、○を切り抜かれて穴となっている形にそれぞれの形をあてはめさせて、ここにあった形を、切り抜いたのだということを確認させるとよい。

〈ステップ10〉

ステップ9でモデリングした□△○をそれぞれ単独に描かれた用紙で、やさしい□より切りとらせる。もちろん、clによっては□ひとつ切り抜くために何セッションも時間を必要とする場合もある。そのclの力量に応じて課題遂行の時間を保証していねいに試行させてゆく。小さなステップを一つ一つクリアさせてそのつみ重ねの上に「できなかったこと」が「できる」ように行動受容を図る、スモールステップによる課題遂行、これが治療教育の要の姿である。

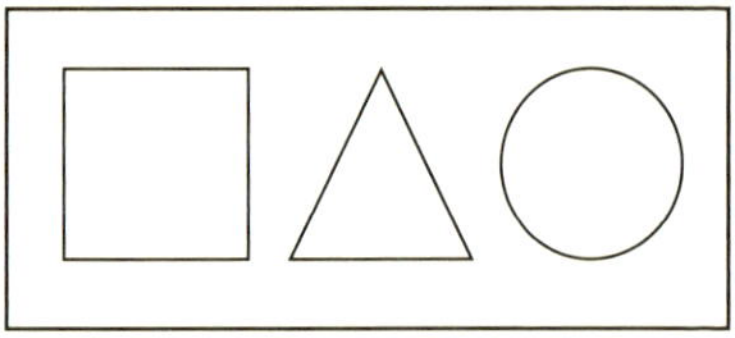

以上、ハサミの操作について10のステップを紹介したが、clにこのステップ一つ一つを、いつステップアップさせるかは、科学的な評価によることは言うまでもない。常に試行数と正反

応数をカウントし、その パーセンテージを記録し、8割の正反応を示した時、ステップアップをさせてよい。研究者によっては、さらに「過剰学習」と呼んで、なお3ヶ月程の課題を試行させるのがよいとも。かかるほどに障害を持つ児童生徒へのかかわりは、微細かつ着実に持続的なかかわりをもってはじめて、発達可能となることを日夜かみしめていたものである。

さて本児にもどる。記録によれば晃平君の操作能力（ハサミの場合）は、上記ステップの8、直進切りまで発達していたとみることができる。ここまで力がついていれば、もはやprは不要。せいぜいthは用紙をそっと支えるか、方向転換の時か。晃平君は、おそらくはチョキチョキと、自らの手指の開閉運動で紙が切れてゆくことが楽しくてしょうがないステップにいたと考えられる。それをいきなり、先生によって「手をそえ」られてしまったので、たまらない。これはステップ8からステップ4へステップダウンすること故に、「やめてよ！　ボクひとりでやれるもん!!」と言いたいところ。「手をぬく」「紙を持たない」という不適切反応こそ、ことばで表現できない晃平君の最大の意志表示なのである。先生の手はもういらないと訴えている。すでに自力で直進できるということを、先生が忘れた、もしくは感ちがいしていたとしても、ここでclの反応を見ることでthは自らの間違いを知らねばならない。「あっ、ごめん、晃ちゃん一人で切れるんだったねえ、先生ごめんねえ、間違えちゃった。はい、ここ一人でやってね」。この一言、この対応さえあれば、晃平君は楽しく10のステップを登りきることができたにちがいない。

私は治療教育を25年経験してきたが、治療教育の現場で、ステップ8まで育っていたclがついにハサミの使用不可であったというケースを一例も知らない。ちなみに治療教育では、課題遂行が成立しない、不適切反応が出現するということはclに非があるわけではなく、thの技量に問題ありと解釈する。課題設定そのものが発達の道すじに照らしてまだ時期尚早であるのか、ステップ設定の粗さにあるのか、強化子が強化子として作用していないのか、フェードアウトすべきを、プロンプトしたままで試行していないか（晃平君の場合はこれである）、自らの指導者としてのまずさを洗い出して、正反応をひきだすまでその努力が問われる。小6の記録「ハサミはまだ一人では切れない」、そこで放置することは教育の放棄に等しいのである。いかなる場合も、課題をクリアしていかない場合、clが「悪い」のではなくあくまで「悪い」のはthその人なのである。小学校6年間のあまりにも非専門的な対応に、晃平君自身の持っていた伸びよう、伸びようとしていた発達の芽は、ここでもまた無残にも摘みとられていったという事実を見誤ってはならない。

①音声（産出）

そもそも音声はどうやって算出されるか、プレ言語指導についてはじめに触れる。まず声の出るための必須条件として、呼気コントロールがある。息を吸う、吐く。これをストローでコップの水を吸って飲む、飲まずに吹いてブクブクさせることができるか、細かくちぎったティッシュペーパーを手のひらにのせて遠くに吹きとばす、ピンポン玉を吹いて遠くへころがす、ろうそくの火を吹き消すなどの遊びを通して呼気コントロールの力をしっかりつくる。次にのどにある声帯の振動。この声帯をふるわせる学習に入るには、その前提として、模倣運動能力が形成されていることは言うまでもない。もしそれがまだ育っていなければ早急に粗大運動模倣（主として立つ、すわる、腕の動きの模倣）から微細運動模倣（主として手指、口の動き、舌の出し入れ等）を育ててからでなければ音産出訓練には入れない。いつでもそうであるがまず正しいモデルの提示。cl の眼前で th が大きく口を開ける、音声［a］の口形提示、まだ声は出さないままで、大きく開口したまま、cl の利き手をとって th ののどに当てる。ピッタリと手のひらで包むように触れさせる。次に、今したことを先生と同じようにしてと指示し、今度は cl ののどへ cl 自身の手のひらを当てさせる。ここで開口はしたが声帯は全く動いていない、ということを体感させる。次に今度はまた開口のまま th の手のひらを th ののどにあてて、はっきりと［a:］（アー）と音声を出す。この時 cl は th の口の中をしっかりとのぞき込んでくる。あたかも声の在りか、声そのものを探すまなざしで、私の口中深くをのぞき込むのであるから、楽しいことこの上ない。ふむふむ、この子は声というものにしっかり興味を持ったぞとこちらはにんまりしたいところ。そこで th はやおら、cl の手をとり、th ののどにその手を当てる。[aː] の産出のたびに声帯がふるえ、その振動が確実にclに伝わる。生まれて初めての刺激に触れてclは知的興奮に目を輝かせる。何度もそれを味あわせ、楽しませておいてさていよいよ次にcl自身の声帯振動の体感に入る、手続は同様。ただの一度で [aː] とすみやかに母音産出が可能な時、モニターテレビでセッションを見守っている家族は涙ぐむときく。thの私も涙ぐむ。こうして〝声〟は生まれるのである。仲々うまくいかない場合は、ここであきらめたりすればth失格。根気よく〈開口↓のどがふるえるときは声がある〉〈開口↓のどがふるえないときは声がない〉この事実をくり返し演じさせることで、どんな無発語児も必ずや母音 [a] の獲得に至るのだ。この言語療法という世界においては、〝母音アが出れば、しゃべれるようになる〟その信念で仕事にとり組む。

さて晃平君であるが、有意味語としては、2歳半までに話しはじめていて、二語文「牛乳ちょうだい」「バス行っちゃった」が表出され、順調な発達を見せていたという。2歳半を境にことばが消失。いわゆる折れ線型自閉症と診断されている。一般に折れ線型のタイプである場合、予後としては、3〜4年後にことばが出はじめるとされている。晃平君も5歳時点で「イヤー」と泣いて怒る場面が「連絡ノート」に記載されている。平成9年10／15、千代田学園での昼寝の時、友だちが晃平君の毛布を持っていく場面での「イヤー」である。小1では9／1、いやな時「いいわ、いいわ」と言い、9／30、歯科医院で自分の名が呼ばれると「イヤイヤ」と連発して泣き、あけて1／18（6歳のバースデー1／22の直前）誕生会のケーキのろうそくを初めて吹き消したとの記述があり、つづいて1／25には学校でマイクに向けてフーフーと息を吹きかけたという記録がある。晃平君は音産出のプレ訓練のレベルはこれですでに超えていたことが判明する。呼気コントロールも、声帯のふるえも、しっかり獲得していた。ここまで育っていたらあとは簡単なほどうまくいくケースが多いのだ。口形を母音5音、[a]…最大開口で、[e]…そのまま少し小さく開口、[i]…口角（唇の端）を左右にしっかり引いて、[u]…口唇を丸くすぼめて前方に突き出して、[o]…口唇を丸めたまま（前に突き出すのをやめて）そのままで開口して、そうして声を出し声帯のふるえを確認する、これで母音5音の産出を図る。これが、順不同でも声出しできるようになれば次のステップへ。長母音だ。[a：]アーと長く伸ばす音をつくる。全母員の長音化ができれば、いよいよ母音2音の組み合わせ訓練開始。[a：][o：]アーオーで「青」、[u：][e：ウーエーで「上」、[o：][i：]オーイーで、「おい、おうい！」ともうこれはりっぱな〝ことば〟である。こうして音声言語をつくっていく。晃平君の場合、こうしてしゃべれるようになったであろう可能性を想定できることとして、彼の個人内差の能力のうち、運動能力が最も高かったことが母からの聞き取りの心理検査で確かめられている。言語療法の現場では、「音声は人間にとって最も高度な運動である」ととらえる。この言い方に初めて接した方はみなさん大変驚かれるが、私はすぐに次のような実演をその場でためしていただく。すると、どなたも深く納得し、深くうなずかれる。

〈実演〉 ここでラ音を出してみましょう。口の中でR音をつくる時、舌《ゼツ》はどうなっているでしょうか。①したがしっかり挙上している②その挙上した舌端が内側に丸くなっている③その丸くなった舌は上あご（口蓋）にぴったりくっついている④③をそのまま（くっつけたまま）前方へむけて弾き出すと同時に音声［Ra］を出す。この一連の動き、どの一つが欠けても決して声はラの音にならない。わずか一音をだすためにこれだけの微細な運動が、しかも瞬時に要求される、これが「声は人間にとって最も高度な運動である」所以である。

晃平君は、これまでの足跡をたどってきたように、ものを直視する力、模倣する力、指示の理解も充分に育っていた。学校で、以上のような治療教育の恩恵にあずかれば、充分に二語文、三語文レベルの表出は可能であったろうと思われる。かねてより私は言語障害児の全体的発達の促進には、学校教育の中で、集団（クラス）の中での学びとあわせて、先進諸外国のように、いつでも必要に応じて、個別の、その子どものニーズに応じた治療教育のスモールステップ方式での学びが、ちょうど車の両輪のように肝要なことと思ってきた。今ここに晃平君の16年間の歩みをたどる中で、学校教育、公教育には車の一輪しかないことを痛感。そのため、せっかく持ち合わせていた伸びようとする発達の芽が伸びることなく踏みつぶされたとの思いを強くする。ことばとは生命を維持するための「命」とならんで、人としての限りない進展をもたらすものとしてやはりこれも「いのち」そのものと感じる。ことばは自らを護る武器であるとも思う。震災で埋《うず》もれたガレキの下で、アーだけでよい、音声を発することができればいのちは救済される。言語学的には、人間にとって四つの働きをなす。①思考する②伝達する③意志疎通を図る④行動を制御する、この④点目についてはソビエト時代の言語学者ルリアの理論である。晃平君の場合、①も②も③もその発達の芽吹きは充分にあった。この①②③の力が育っていなければ、他者の指示を理解し、動くことはできないし、自らの意志を他者の腕をとって伝える（クレーン現象）もなく、正真正銘の「最重度」ということになろう。ボディーランゲージによる②も③も、その原形は晃平君に育っていた。これを上述のような系統だてた言語指導によって伸ばしてゆく教育の体制がなかった。故に④を含めたところまでの言語能力を獲得するに至らなかった。残念なことにことばを持たない晃平君のような子どもの障害の重軽度を示す「判定」というのは、行政によって、田中ビネー知能検査などことばを介在しての検査を用いるため、ことばを持っていない場合、それだけのために検査不能として「重度」扱いとなる。

ここに『自閉症教育新時代―実践の手引』「養護学校編」（大南英明編、明治図書、２００７年）がある。いわゆる「自閉症元年」といわれる改革の２００６年の学校教育法施行規則の一部改正をうけて、それまでのわが国での各地で研究、実践されていた自閉症教育の報告が広く集められている。こういう取り組みの中でこそ伊藤晃平君はその持てる力を伸ばし、「重度」などというまわしいレッテルがいかに見当ちがいのものであるかを、自ら証明してくれた存在であったろうと惜しまれてならない。ついに晃平君は音声言語でのコミュニケーション手段を奪われたまま、その生涯を閉じさせられた。自閉症教育の遅れと、そこからくる無策無知を晃平君の死に対して詫びられる大人が一人でも多くいることを願うばかりである。

おわりに　社会人は目の前に!

義務教育を終えて、高等部での学校生活は作業学習が主体とあって、しかも中3で出会った担任により初めて専門性のある対応を受けて(「両手を使える子にする」という課題設定にて)晃平君はナイロンたわしを独力で製品として仕上げるまでに自らの力を花開かせようとしていた。平成16年「発達障害者支援法」が、与野党を含む超党派から成る国会議員による議員立法として成立。その後の学校教育では、「個別の指導計画(年間)」がようやく用意されることとなり、「自閉症元年」と呼ばれるにふさわしい実践がはじまった。晃平君がその恩恵に浴したのが、中3、高1(途中まで)のみであったが、豊かな発達を願うための思いから定められた目標(課題)があり、その1年後の「指導のまとめ」がある。高1のものは、

（1学期）入学当初はまったく椅子に座れず教室の隅でじっとしていることがほとんどで、移動も抱き込んで連れて行くことばかりであったが、2ヶ月ほどで、椅子に落ち着いて座っていたり、物を取ってきたり、トイレで下着を上手に着て、てきぱきと着替えるなど急激に成長した。—目標「椅子にすわっていられる」に対して—

（2学期）1日の大半を机に向かって着席できるようになった。下駄箱での靴の履き替え、着替え、給食の食器運び、給食後のうがい、小便器の使用など多くのことを学習し、定着した。—目標「さまざまな活動に取り組む」に対して—

（3学期）—空欄のままである、H19・12・22死亡のため—

そして、高等部1年の晃平君の総合所見
（1学期）着席をし授業を受けることができるようになってきました。日に日に笑顔が増え、教師の指示にも素直に従うことができるようになってきました。トイレの合図が上手にできるようになってくると良いと思います。
（2学期）一日の大半を机に向かって着席できるようになり、新しいことを学習してから定着するまでの時間が早くなっています。また穏やかに過す日々がとても多くなりました。今後もいっそう落ち着いて生活できるよう、支援していきたいと思います。

これが晃平君の学校生活の最後の姿である。1日の作業でナイロンたわし2個～3個を完成できるところまで成長した晃平君。情緒感情のコントロールが可能となり、高等部卒業後の職業人生、就労ある人生に向けて、確実に発達を遂げつつあったと読みとることができる。しかも時代は、アメリカで開発され、日本でも試みがはじまっていた就労支援制度、「援助付き雇用（Supported Employment）の波。日本ではこれを「ジョブコーチ」とよびモデル事業はすでに始まっていた。この援助をうけながら、後2年、高等部での学習を深め、晃平君は、「いってきまあす！」と軽やかに職場に向かう社会人の日が、目前にあったと推察できる。〃なぜぼくは階段から落ちなくてはいけなかったの？〃さあ、どう応えるべきか？

「あと10年、君が遅くに生まれていれば、せめて君が小3のころ、自閉症教育のスタートがあれば。ごめん、ごめん、ごめんなさい！晃ちゃん!!」今となっては、詫びること以外に何ができよう。しかし〃自閉症元年〃よりすでに今年は10年目を迎えている。公教育の場は、どう変化しているか、この報告は当初、平成28年1月22日の晃平君のバースデーに活字になる予定だったと聞いている。（余計なことではあるが愚息も、年こそ違えど、この日が誕生日。）できることなら、晃平君のお母さんといっしょに、晃平君の学んだ学校、そして教育行政の責任あるところへ、この10年の変化の教えを乞いに行かねばと思う。この稿を閉じるにあたって、自閉症元年よりこの10年の学校現場の変化を調べようとしたが、いまだその類の図書、文献は出版されていないようだ。あと数年を楽しみとしたい。

16年のいのちを閉じる……、今後、こんな不幸を続出させてはならない。発達障害に見合った専門のアプローチが、どの学校にも豊かに拡がる時、この国にもほんとうの〝平和〟が実現するかと、安保法制の国会審議の貧困を見つつ敗戦後70年の日本の未熟をかみしめている。


(追記) 平成28年2月、出版社よりゲラ刷りが送付されてきた。読み直し作業の中で、ある違和感が……。116頁——、この国の教育制度の中に「発達障害」という枠組みが欠如していること、そのために障害者教育の専門性は「低いレベルにあり…(以下略)」——この文中の傍点部、読んだ瞬間、〝待てよ、「欠如していた」ではないか〟との思いがよぎったのである。

この違和感はどこから?

「発達障害者支援法」制定が2005年、私の原稿執筆が2010年、法制定よりわずか5年の時点で私の意識はいまだ、〝「欠如している」〟〝「ない」まま〟との思いが強く、それが現在形の表現になったのだと思われる。

それから5年後、つまり法制定後10年の今は同法制定後初の見直しがなされている。

2015年11月29日付『毎日新聞』の記事によれば、「個別の指導計画作成へ—発達障害の支援法改正案—」というもの。この5年という時間の中で私の意識では、この国の教育制度の中に「発達障害」という枠組みが「ない」時代から「ある」時代へと変わっているのだ。子ども一人一人の障害に応じた個別の指導計画がやっとこれで作成され、やっとまっとうな治療教育が実現する。今や「自閉症スペクトラム」と呼ばれる人たちが「情緒障害」の枠に閉じ込められていた、日本の障害児教育の長く不毛な時代は過去のものになりつつある。そう感知したための違和感であったのだ。

いよいよ時代は『発達障害のある子どもの未来は希望に満ちている』（内匠敬人・内匠良子著、星雲社、2015年）というタイトルの本が出版されたりする、夢のような時が到来。これからを生きる発達障害の子どもたち、その親を含め、まさに〝希望の時代〟へと時は動きつつあることを実感する。再び伊藤晃平君のような不幸が起こりえないことを念じて追記とする。

＊編者附記

「以上、公教育の不十分さはあるが、日本の障害児教育の歴史を正確に広い立場で考えると、戦後の教育改革で憲法第26条「すべて国民は教育を受ける権利を有する……義務教育はこれを無償とする」とされ、学校教育法はこれに対応して障害児の教育権保障を明記した。」（藤本文朗『障害児教育の義務制に関する教育臨床的研究』多賀出版、1996年）

しかし、盲教育・ろう教育の実施は進められたが、重い知的・自由障害児は不就学のままであった。そこで親や教師が国民運動を進め、1978年度より、自閉症などふくめ、どんな重い障害児の教育権も保障され、晃平君もこの制度により先生方の支援で発達が保障された。治療教育と公教育とが、相互に補って晃平君を育んでいく素地はすでに構築されていたと言えるだろう。

伊藤晃平くんの15歳11ヶ月（死亡）までの歩み　抜すい一覧（平成22年10月作成）

＜別表＞　伊藤晃平君の15歳11か月（死亡）までの歩み抜すい一覧　　（平成22年10月作成）

時期 領域	千代田学園 （H8／4～ H10／3）	小1 （H10／4～ H11／3）	小2 （H11／4～ H12／3）	小3 （H12／4～ H13／3）	小4 （H13／4～ H14／3）	小5 （H14／4～ H15／3）	小6 （H15／4～ H16／3）	中1 （H16／4～ H17／3）	中2 （H17／4～ H18／3）	中3 （H18／4～ H19／3）	高1 （H19／4～ H19／12）
A 食行動	H8／7 みそ汁全く飲めず H9／7／3 気づくと自分で飲んでいてびっくり H9／7／10 給食でいつもは白いご飯＋ルーのみ、ジャガイモ、玉ねぎ、人参、玉子、グリンピースが食べられた	H10／4／28 少しづつ食べ始めた スパゲティ…－ パン一本半…＋ ベーコン…＋ イカリング…＋ ゼリー…－ 玉ねぎ…－、吐き出す H10／5／7 一度は口に入れてみようとする	H11／7／9 マックで座ってジュースが飲める （7月まで不登校）		H13／4／17 フォークで食事可	H14／3／10 初めて先生といっしょに給食当番をした H14／5／25 給食参観日、静かに、目立つことなく、よく食べられた。 野外学習で食べられず	H15／5／20 給食で、2階から食堂まで、友達の動きについて、自分も一緒に行くことができた。少しはなれて見守っていただけ。素晴らしい成長です。	H16／6／20 マックでポテト食べた H16／7／14 4月より全く飲めなかったハーブティーが全部飲めた H16／10／14 みかんあるだけ食べていたのが、「終わり」と言えば終われるようになった。 H17／2／4 初めてのりまきを食べた		H18／5／2 キュウリ以外完食 H18／5／14 遠足でもおにぎりを食べられた	H19／10／3 給食「いただきます」できちんと手を合わせることができた
B 運動	H9／6／14 以前「さんぽ」で歩いていて田んぼに落ちていたが、今日はジャンプで上手に着地した	H10／1／27 両足とび3回	H11／7／7 三輪車に一人で乗る。ペダルはまだ漕げず H11／7／19 小牧のプールで、怖がらず、腕輪をつけてプカプカ楽しむ	H12／6／28 深いプールを怖がる	H13／11／1 雑巾がけ スイスイと廊下を2往復可	H14／6／17 トランポリンは怖かったのか行きませんでした	H15／4／22 リレーや障害物競走　身のこなし方がいいのですばやくクリア	H16／6／20 ライフジャケットをつけて、一人で泳ぎ回れるようになった	H17／6／2 バスケットでボールを持ってきたりゴールに入れた H17／11／9 平均台バランスよし H17／12／8 公園で土管の上もスイスイ歩く	H18／7／3 家のカベやふすまをけって、よろこんでいる	
C 移動	H10／3／17 オンブ、ダッコを言わなくなった（友達としっかり手をつないで歩く）	H10／5／7 遠足の歩行練習で自分から手をつなごうとした H10／10／15 運動会の練習でいろんな先生にだっこしてもらう				H14／5／21 歩きたくないの意思表示あり H14／6／21 大曽根への電車の中、静か H15／3／20 一人で教室に行く	H15／4／28 ムリヤリ引っ張るのはやめて、彼の自発行動を引き出しましょう	H16／4／8 スムーズに移動する 電車の中でも静かに座っていられる	H17／4／12 ロッカーからなかなか出られず H17. 6. 21 授業開始でロッカーより出て着席	H18／4／10 中1と比べて移動がスムース、しっかり成長した様子がうかがえる	H19／6／11 運動場で遊んでいて、声をかけるとサッと立ち、教室へ戻ることができる

時期 領域	千代田学園 (H8／4～ H10／3)	小1 (H10／4～ H11／3)	小2 (H11／4～ H12／3)	小3 (H12／4～ H13／3)	小4 (H13／4～ H14／3)	小5 (H14／4～ H15／3)	小6 (H15／4～ H16／3)	中1 (H16／4～ H17／3)	中2 (H17／4～ H18／3)	中3 (H18／4～ H19／3)	高1 (H19／4～ H19／12)
D 着席	H9／6 先生がそばについていなくとも着席可となる	H10／5／12 椅子取りゲームで「すわって」といわれるとすわっている			H13／11／21 授業中ほとんど離席なし	H14／6／7 少しずつ着席して授業に参加できる時間が長くなった H15／1／22 45分、一度も離席なし	H15／1／28 「朝の会だよ」で一番早く椅子にすわる		帰りの会で、周りの様子から自分で教室に戻り、席につくことができた H17／6／21 授業開始で着席可		H19／6 椅子に座っていることが多くなってきた。感情が安定している(入学当初まったくすわれず) 2学期 1日の大半を着席可
E 排泄	H8／8／19 パンツぬぎすてであり、中にコロコロウンチ H8／10／31 昼食後一人でトイレに行き、おしっこ、ウンチは失敗 H9／10／16 ウンチ失敗して先生に教えに来た	H10／6／1 初めて学校のトイレで大、成功 H10／7／8 トイレに連れて行き成功もある 大、出て教えることもある ほめると、うれしそうに、ニコニコ H10／10／31 トイレへ一人で 大を一人で成功は初めて	H11／7／9 家で、一人でウンチ ふけないので、じっと母の来るのを待っていた(はじめて)	H12／12／1 排泄とトイレが結びつきかけているんですねえ。うれしいことです。	H13／4 大、失敗し、自分でぬいで知らせる H13／6／16 自発でトイレへ行くこと多 H13／10／18 本人の意思を尊重し「トイレ行く？」と聞くことにする	H14／4／26 いない！まさかと思いトイレを覗くと一人でトイレに行っていた。えらい！ H14／5／21 給食中ズボンを下ろす、「さっき言ったところでしょう」と、とりあわず失敗させてしまう H15／2／28 トイレサインでうそサイン出現した	H15／5／21 朝大便をするように習慣化させたい H15／9／25 一人でトイレへ行ったのは初めてなのでとても感動しました	H16／4／7 おしっこのタイミングがいまいちわからず H16／5／18 一人で用足し、はじめて	H17／5／25 洋式個室で成功 H17／6／16 トイレサイン(ズボン下げ)で、トイレへ、大＋	H18／4／14 その場を逃れようとしてのトイレサイン(ズボン下げる)ありなので無視していて、2回失敗させてしまう、ごめんなさい	H19／5／9 トイレサイン　ズボン下げるは何とかならないか、前をたたいて知らせるなど H19／5／14 ウンチ、失敗が続く H19／5 尿意を催したら、手で股間をたたくことを覚える 何度も繰り返し言葉とジェスチャーで教える、実際にやって見せる H19／9／12 失敗3回、何かリズムがくるっているようです
F 感覚遊び	砂や、他者の長い髪を、常にいじってた	「こうちゃんダメ！」で(一言で)やめるようになった	H11／12／20 ニコニコ近寄って髪ひっぱり、なんでなのか分かりません					感覚遊びを減らすために学習の時間と遊びの時間を区別させるように取り組んだがまだ不十分である			
G かかわり			H11／12／6 窓枠にいたので声をかけたら激しく怒って泣く(何か気に入らなかったらしい)								

時期 領域	千代田学園 (H8／4～ H10／3)	小1 (H10／4～ H11／3)	小2 (H11／4～ H12／3)	小3 (H12／4～ H13／3)	小4 (H13／4～ H14／3)	小5 (H14／4～ H15／3)	小6 (H15／4～ H16／3)	中1 (H16／4～ H17／3)	中2 (H17／4～ H18／3)	中3 (H18／4～ H19／3)	高1 (H19／4～ H19／12)
H 操作	H9／5／22 玉さし30個 H9／7／2 玉さし50個　集中で			H13／2／15 家でスプーン入れ50本	H13／4／26 色紙を、切る方向を指示でチョキチョキ切る H13／6／12 公園から帰宅して「手を洗ってらっしゃい」で洗う H13／6／14 スプーン入れ70本 H13／6／20 ハサミ、手をそえて切ると、気に入らなかったか手を抜いたり、紙を持たない		H15／5／22 ハサミで、まだ一人では切れない	H17／1／13 ポットからお湯を入れる(ポンプ式)			
I 音声	H9／10／15 昼寝で、友達が毛布をとっていくと「イヤー」と怒っていた	H10／9／1 イヤな時、「いいわ、いいわ」という H10／9／30 歯科医で名を呼ばれると「イヤ、イヤ」と連発して泣く H11／1／18 初めてローソク吹き消す H11. 1. 25 マイクにフーフーと息を吹きかける		H13／1／16 夕食後、いとこの顔を穴のあくほど見つめて何かいいたそう	H13. 11. 1 姉が「行く？」と聞くと「いく」とこたえた		H15／11／6 雨で家の中でボールで遊んでいて、誰かに話しかけてくる…なんといっているかわからなかったが	H16／6／9 「イヤ、イヤ」を連発して怒って泣く、何か思い出したか H16／11／18 インフル接種で名を呼ばれて「イヤイヤ」を連発 H16／12／6 母を呼びに来てけんめいに何か言う H17／2／24 よく声が出ている 「晃平しゃべるのかもしれないねえ」と家族で話す		H18／7／3 公園や何か好きなことをやるとき叫びつづけている	H19／5／10 公園で「ねんね」と眠そう H19／5／21 いとこのチビが「晃平、何かしゃべった」と報告あり

領域＼時期	千代田学園（H8／4～H10／3）	小1（H10／4～H11／3）	小2（H11／4～H12／3）	小3（H12／4～H13／3）	小4（H13／4～H14／3）	小5（H14／4～H15／3）	小6（H15／4～H16／3）	中1（H16／4～H17／3）	中2（H17／4～H18／3）	中3（H18／4～H19／3）	高1（H19／4～H19／12）
J 知的活動（見通し・工夫）と作業（作業は高等部のみ）	H9／4／22 昼寝前絵本見ている H9／12／24 入園当初、全く見なかったビデオ（電車、車）をうれしそうに見る H10／1／12 家でもよくテレビを見る	H10／4／13 ビデオ鑑賞15分×2 H10／10／7 夕食時「待って」で引き出しよりスプーンを出してきた	H11／12／19 靴のマジックテープ片手で取れないと両手を使ってとる H12／1／14 夕食時「ごはんだよ」で言われなくても自分のイスを持ってくる		H13／10／29 法要で静かにしていた H13／12／6 母が体調崩して寝ていると実に静かにしている	H14／6／20 母が姉にパジャマを着せてほしいと話しているのを聞きつけて、タンスよりパジャマを取り出し持ってくる	H15／5／27 絵カード、指示された名称を一枚とる H15／5／29 丸みのある大きい積み木に、窓枠につかまり工夫して（動かないよう）のっかる H15／12／5 写真と実物のマッチングができた	H17／2／1 本をみてすごしている（家）	H18／2／1 本（ミッキー）をみてすごしている		H19／5／10 あみ機練習開始 H19／5／24 あみ機145回まわす H19／7／2 サークルKの場所を地図上で指す H19／9／10 あみ機でナイロンたわし完成 H19／5／10 大掃除、人の分までイスはこびだした
K 指示の理解	H9／5／16 朝の会で時々立つ、その都度「すわって」ですわる H9／6 そばについていなくても着席可	H10／5／7 歩行練習で「手をつなごう」でつなぐ H10／5／12 椅子取りゲーム で「すわって」ですわる H10／12／15 「ドアしめて」でしめる、いってみるものだなあ H11／1／27 ウンチスタイルの時声かけのみでトイレへ行って待っていた	H11／7／8 マックで「ジュース飲むよ」で店に入り、すわっていた H11／12／14 挙手のみ「ハーイ」で				H16／1／28 「朝の会だよ」で椅子に座る		H18／3／6 学級集会で「挨拶してくれる人」の呼びかけでさっと前に出てきて、あいさつ終わると、スタスタと自席へ戻る	H19／4／21 買い物学習で一番最後だが、レジをちゃんと並んで静かに待っていられた	

時期 領域	千代田学園 (H8／4～ H10／3)	小1 (H10／4～ H11／3)	小2 (H11／4～ H12／3)	小3 (H12／4～ H13／3)	小4 (H13／4～ H14／3)	小5 (H14／4～ H15／3)	小6 (H15／4～ H16／3)	中1 (H16／4～ H17／3)	中2 (H17／4～ H18／3)	中3 (H18／4～ H19／3)	高1 (H19／4～ H19／12)
備考		3月に転居	不登校(半年ほど)			父と離別	「い～ま」利用 H16／2 安定剤服用開始	H16／9 チック症状あり(目パチパチ)	H18／3 修了式で学年代表		H19／10／23 ショートステイ、ウイズ面接 H19／10／26 ウイズ、1回目利用 H19／11／22 ウイズ2回目利用 H19／12／21 ウイズ3回目利用 H19／12／22 明け方 ウイズにて、階段より落下 ↓ 日赤へ ↓ 夜9：00死亡 ※H19／12／21 担任のことば「三学期も頑張ってくれると思います。来年もご家族にとって良い年になれるよう願います」

支援のすすめ

竹内　彰一（「医療問題支援アムザ」）

晃平君には申し訳ないが、実に「楽しいお祭り」に参加させてもらった。僕は、支援活動を〝趣味〟のひとつだと考えている。崇高な使命感などさらさらない。弁護会議、支援集会、署名集め、街頭宣伝、裁判傍聴、記者会見、どれもちょっとした物見遊山で、非日常のハレを踊る。ために、このイベントの参加費には、相応に投資する。趣味のおもしろさは、自分が散財した金額の多さや労力の大きさに比例するものである。

この伊藤晃平君の事件は、たまたま知人からお誘いがあった。おもしろいことがあるから、とは言われなかったが、いそいそと集まりに出かけた。そのことをインターネットの「ミクシー」というサイトに書いたら、静岡のマイミクさん（インターネット上の友達）からメッセージが届いた。なんと晃平君のお姉さんとマイミクだと言う。友達の輪だ。奇遇な縁に運命の不思議さを感じた。見えない糸。仕組まれていた出来事。何者かに操られる人生航路。その後、お姉さんは、その小さな携帯端末から二百筆を超える署名を一気に集めることとなった。インターネット恐るべし。

聞いてみると、裁判の発端は、「生きていても社会に対する利益がない」という施設の保険屋の言葉。わが子をそんなふうに言われたら、そりゃあ、ブチ切れますわな。お宅の不手際で死んじゃったのに。言ってみれば、殺されたようなもんですがね。裁判でもなんでもやらいでか。

つまりは、この裁判は晃平ママが起こしたのはもちろんだが、被告が起こした裁判だったとも言える。鯉口を最初に切ったのは相手のほうで、しからば御免と抜刀した次第。感情は本質を突く。相手が個人的に発した言葉ではあるけれど、それは今の日本の価値観を表していた。「家族や遺族がおかしいと思ったら、必ず何かある」それは事件の追及の定跡。社会是正の出発点は、いつもそんな素朴な地点にある。

僕は、支援のホームページを作ることになった。サイトを作ったのは、実はこれが生まれてはじめての第一作目。よくもまあ、やったこともないのに引き受けたものだと、我ながら無謀さと無責任さには感心する。僕は便利な最新式ソフトを使えないので、タグ辞書を引きまくってテキスト打ちでコツコツやった。連日の十五時間夜勤でふらふらになりながらも必死で挑戦した。壮大な目論見は実現できず、不格好なものしかできなかったが、どうか勘弁してほしい。

ホームページがなんとか形になると、僕はやることがなくなったので、逸失利益をめぐる雑誌記事を国会図書館から集めてみた。おかげで逸失利益の歴史を知ることができた。弁護会議で集めた論文をみせびらかすと、面倒なことに、弁護士たちが欲しいと言うので二センチを超える厚みの複写して渡した。こうして難しい司法試験を突破した弁護士たちの立ち居振る舞いを、つぶさに観察することとなった。僕もなんとか真似ができないかと司法試験用の法学書を買って、昼寝の枕に利用した。

「他人に期待しない」というのは支援の鉄則。そうしないと「誰々はやっていない」とか「私はこれだけやってあげたのに」なんて、くだらない愚痴が出る。自分が勝手に遊びに来てて何を馬鹿なことを言っているのか。だから、僕は裁判所にもなんの期待もしていなかった。

支援者集会では「勝つぞ。勝てるぞ」と血気盛んな話が出るので、僕は「負けますから、期待しないように」と発言して、弁護士や他の支援者から顰蹙《ひんしゅく》を買った。いや。裁判では、よくある話なのである。正義さえあれば請求がまともに認められると勘違いすることは多いので、あとでがっかりして落ち込むなよ、と老婆心ながら悲観的観測を示したまでだし、僕は間違いなく負けると思っていた。結果的には一部勝訴的和解という形だった。

でも、だからこそ僕は、この裁判で「命の値段」を考えさせられることとなった。根元には、弱者を排除し隔離してきた福祉社会がある。社会保障の不備もある。もともと逸失利益などという考え方は間違っている。ひいては損害賠償そのものに疑問を持った。今や、責任を金に変換しなければ追及できなくなっている。いかに資本主義だと言っても、かの経済学者マルクスが書いたように、愛を愛とだけ交換できるのでなければ、それはとても不幸な世界である。

裁判をやる理由のひとつには、真実を明らかにしたいという欲求がある。今回もあった。それは闘う目的としては、いまひとつ積極さに欠ける話で、先に真実を見つけてから、それを裁判で主張する形にしないとマズイ。

それでも明らかになったこともあった。晃平君が、いったいどのような形で亡くなったのか。彼が夜に起きたとき、ヘルパーはどこで何をしていたのか。どうして階段から落ちたのか。階段から落ちたあと、どうしていたのか。こんな肝腎なことが隠されていては、たまらない。ご遺族が愛する子の最期の姿を知りたいのは、あたりまえのこと。

もちろん、施設の責任者は事故の状況を説明した。でも、あんたは、そこにいたわけじゃあるまい。それは、見てきたような嘘、と言う。事件の夜に一緒にいたヘルパー氏が自ら説明しようとしたのを、黙っていろと制止するとは何事か。

裁判では、裁判官が改めて現場検証をして、事故時に二人いたヘルパー氏のひとりが証言に立ってくれた。その勇気を心から讃えたい。

さて。裁判は、本来の相手ではなく損害保険会社との闘いになった。損保にとって、保険金の支払いは「支出」として計上される。企業の利潤を考えれば支出は少ないほどよい。だから、体裁良く出し渋りをする。この側面からは、企業利得をめぐっての裁判ということになる。賠償金の争奪戦である。いったい誰と何の裁判をやっているのかわからなくなる。そうして社会正義は歪められる。死亡させた責任なんか、どっかいっちまってる。

それを、裁判所は「被告は心から謝罪すること」と本当の被告に責任を引き戻した。道義的責任というやつだ。損害賠償訴訟で「謝れ」などという文章が出るなんて、これはもの凄いことで、とんでもない大岡裁きである。責任追及の裁判をする人は、みんな、どれだけその言葉を欲しがって、重い岩石を積み上げては転げ落ちて終わることか。

民事では、どんなに六法全書を虫眼鏡で焼いても、謝る話なんかどこにもない。民事に罪はない。それを引き出したということは、その闘いが本当に正義に裏打ちされていたと証明されたようなもの。和解だからこその出来事。判決ではありえなかった。だから美酒なる大勝利と呼べるのだ。ご遺族には、公式、形式の謝罪など心に響くはずもないのだが。

この裁判で感動的だったのは、心理教育研究所の藤本由紀子先生の証人尋問だった。前もって意見書を読んでいたので、内容は知っていたつもりだったが、いざ法廷で証言されると、これがまるで映画のワンシーン。証人の口元のアップ、引いてトラックショット、裁判官のバストアップに続いて法廷を俯瞰するクレーン、荘厳な音楽が静かに流れるがごとくのクライマックスの雰囲気。女史の尋問が終わったとき、傍聴席から期せずして拍手が沸き起こった。だが、裁判官は静止させなかった。ここが珍しい。法廷では拍手なんかしたらアカンのです。きっと裁判官も同じように涙腺をこらえ、拍手したくなる気持ちだったのだろうと思う。

裁判では、専門家の意見陳述や証言は、決定的な威力を持っている。ド素人が何を言っても通じないのが裁判。女史への尋問は勝利への扉だったと言える。裁判官が拍手を静止させなかったことは、原告の圧倒的優勢の現れだった。

簡単に言えば、尋問では、晃平君の発達状況を解説しただけである。それがなぜ涙をあふれさせるものであったのか。それは、障害児をとりまく環境が、それほどまでに虐げられた貧困な状況にあるということを露呈させたからだった。

裁判は、言論の闘争である。過去の判例はあるにせよ、何が正義だとか何が真実だとかは、実はあまり関係がない。裁判は、それぞれの正義や真実を利用して論戦する弁論大会。弁論のうまいほうが勝つ。民法の教科書に書いてあるように、立証できたほうが正義。その立証の認定は、裁判官の心証による。つまりは、ぶっちゃけ裁判官の気持ち次第とも言える話である。だから、ここに世論という圧力が関係してくる。関係するからこそ、世論に惑わされるな、と訴訟法にわざわざ明記しなければならなくなる。

裁判への世論の圧力は、形となって表現できなければならない。それはマスコミの記事だけでなく、署名の積み上げであったり、裁判所前での演説や、街頭宣伝の写真であったりする。それを裁判所に提出しなければなんの意味もない。提出されてはじめて審議の俎上にのぼる。加えて、傍聴人の数はいつも気にされるところ。傍聴人の員数が社会的関心の度合いとして受け取られる。

また、支援団体があるからこそ、報道の取材が入るとも言える。おもしろいニュースがいいニュース。人が集まっていれば、何がもらえるのかと聞きたくなるのが人情。記者会見でテレビカメラの放列を目にすると、世紀の一大事件の瞬間に立ち会ったかのような錯誤を覚える。なにかと事件周辺をうろうろしていると、たまに僕もテレビに登場することがあって、勤務先の上司がテレビのニュースで僕を見つけて仰天されたことがあった。

「支援する会」の街頭活動

ともかく、世論は作るものである。ほうっておいてそうそう正当かつ妥当な結論が出るものではない。あたりまえながら、人はみな、自分だけの世界に住んでいて、自分の世界の利益しか考えないもの。他人のことなど、どうでも良い。

実際、晃平ママの障害者家族つながりの友人らは、裁判になるとみな離れていった。支援にまわった人はひとりもいない。それもせんないこと。みんな施設に人質をとられているのだから。また、貴重な施設を守ろうと、一切の批判を黙殺する人たちもいた。別に今回の事件に限らず、一般的に、裁判を疎ましく思う人は多く、提訴したとたんに、家族や親族、友人、知人、ご近所さんの人間関係の地図は塗り替えられる。とても苦しいですよ。心が削ぎ取られますよ。まさに四面楚歌の味わいです。

でも、支援者である僕には関係ない。街頭宣伝では、カラオケのごとく嬉々としてマイクを握り、学校の文化祭かなんかのノリでビラを配る。駅前で演説していると、なんやら社会的に意義のある貴重な活動をしているような気もしてくる。さらには、お礼の言葉まで頂ける。そんなつもりじゃあないんだけど、まあ、悪い気はしない。

事件は時代を映す鏡。この裁判は、被告はそこらのひとつの民間施設だったが、障害者の逸失利益を巡って社会の歪みを窺つこととなった。単なる個人や保険屋との揉め事ではなく、日本国民の価値意識や生活観を相手どった闘いを意味していた。

だがしかし、苦戦する勝負こそ支援はやりがいがある。逃げ切るよりも追撃する立場のほうが感動のドラマになるに決まっている。敵は大きいほど燃えるものだし、何をしようが負けてもともとだし。

支援活動ほど愉快なことは滅多にない。自分が楽しいからやる。あるいは、自分が怒ってるからやる。だけど、「自分のためだ」なんて勝手なことを言うわけにもいかないから、「世のため、人のため」って言ってるだけ。そうじゃなきゃ、みんなこの忙しいのに支援活動なんかできるはずがない。

そうして自分の問題として社会とつながることは、けっこう心地良い体験で、これは法律用語では「民主主義の自己統治」と呼ばれる。選挙で選んだ政治家や役人にはまかせておけないから、直接、俺が正してやる、という行為の法的正当性がここにある。政治の「政」は「まつりごと」すなわち「お祭り」である。これは社会のなかで自己の存在を確認することになる。「他人の不幸は蜜の味」という言葉の本意はここにある。支援者を見てください。悲しい事件なのに、みな生き生きと笑顔を見せている。哲人キルケゴールは看破した。傍観は関係の終焉を意味する。人ごとだと思ってるうちは社会人ではないし、もとよりおもしろくないではないか。

しかしながら、自分の生き方として自身の存在を賭けることになると、やっかいなことに、そう簡単に引くわけにはゆかなくなる。乗りかかった舟と言えばそれまでだが「俺の裁判」という意識が芽生えてくる。不退転の決意が生まれる。こうしてひとりの事件はみんなの事件となる。なんといっても、支援者が「当事者」になっちまうんだから。和解勧告を読んだとき、僕は身体がぞくぞくと震えた。泣けました。僕が「当事者」だからこその歓喜の体感である。

指導は、無理。援助では、大変。このとき支援者という形は悪くない。なかには、支援こそが、天が我に与えた使命だと錯覚するような人も出てくる。行動すれば、錯覚は現実に変わる。教育学者のシュタイナー曰く「人類の前衛たれ！」苦しんでいる人に寄り添えなくて何の人生か。ご褒美は、感動である。共に手をつなぎ、共に闘える感動である。

この闘いの先駆けとして前線指揮をされた安藤一巳先生は結末を見ぬまま、そして後を継いで日々の運動を牽引された落合幸次氏が御逝去されたことは、本当に残念なことでした。落合氏がいらっしゃらなければ、支援活動は円滑に進まなかったことでしょう。落合氏は、和解成立後も尚、雌雄を決せんと損保に抗議行動をかけようと息巻いていた。誠に頭の下がる反骨精神でありました。充実したひとときを過ごさせて頂き、僕は心よりお礼を言いたい。そして、現世ではお会いできなかったが、晃平君には、感動をどうもありがとう、と伝えたい。さすがに申し訳ない言い方なんだけど、〝申し訳ないが気分がいい〟。

生命の権利と差別 ―障害者を取り巻く社会的状況―

弁護士　中谷　雄二

故伊藤晃平君の損害賠償請求裁判において、私は、生命の価値に優劣をつけるのは、個人の尊重を定めた日本国憲法13条から見て許されないこと、障害者の権利条約や障害者差別解消法制定の動き、障害者雇用促進法に見られる障害者雇用促進の取り組みから見て、就労の可能性を固定的に考えるのは間違いだと裁判で主張してきました。

この裁判は障害者の権利条約がまだ批准されず、障害者差別解消法も制定されていなかった段階のものです。被告は、晃平君が最重度の知的障害・自閉症の障害を負っていたから、原告の主張する理念はわかるが、最重度の障害を負っている晃平君に就労の高度の蓋然性はない。また、不況の下で健常者の就労状況すら改善していない状態では、今後も障害者の就労状況の改善の見込みはないと主張してきました。

しかし、その後の雇用動向は、被告の主張が単なる思い込みであることをを実証しました。私たちが裁判でどんな主張をしてきたのか、今日の立場からどう評価できるのかを述べてみたいと思います。

生命の権利

この事件では原告側は、生命の価値についての障害者差別を憲法の立場からどう考えるかを大阪夕陽丘学園短期大学の川崎和代教授に意見書を書いていただきました。私たちの憲法論は全面的に川崎教授の意見に全面的に依拠しています。私たちが川崎意見書に基づいて主張した憲法論の概略は次のようなものです。

（1）日本国憲法及び国際人権規約の生命の権利規定

日本国憲法13条は、「すべて国民は、個人として尊重される。生命、自由及び幸福追求に対する国民の権利については、公共の福祉に反しない限り、立法その他の国政の上で、最大の尊重を必要とする。」と定めて、「生命」を国民の権利として規定しています。また、国際人権規約B規約は、「全て人間は生命に対する固有の権利を有する」（6条）と宣言しています。これらの規定から見ても、生命がわが国法秩序の上で、「国政の上で最大限の尊重を必要とする」何ものにも代え難い人権と評価するのは当然です。

（2）現実に存在する優生思想

しかし、現実には、「誕生することや生存することが望まれていないかの如くに扱われている生命が」存在することも否定できません。障害を持つ子を殺害した母に対して数多くの減刑嘆願署名が寄せられるという事態は現在も続いています。障害児の生命を奪うという重大な人権侵害に対する怒りより、生命を奪った母に対する同情の方が広く共感を呼ぶというわが国の現実は、わが国社会に優生思想が蔓延していること、その優生思想こそ、人間の尊厳を否定された障害当事者の怒りを理解すらせず、生命を抹殺された障害児の声なき声に耳を傾けることにすら思い至らせなかった原因です。

かってナチスドイツではこの優生思想の下で、障害者の生命を国家権力の手で奪った歴史的事実が存在します。日本においても、優生保護法において、「優生上の見地から不良な子孫の出生を防止する」（第1条）とされ、ハンセン病患者が断種や中絶を強制されてきたという歴史は、優生思想に基づき法的に生命の選別を行っていたことを意味します。しかし、この優生保護法も1994年、障害者の不妊化を正当化するものであると国際的な批判にさらされ、1996年「らい予防法」の廃止により、優生保護法の「らい疾患」に関する条項が削除され、1993年に制定された障害者基本法のノーマライゼーションの理念と「優生思想」との矛盾が決定的となり、廃止されることになりました。このような露骨な優生思想は法制度上、影をひそめることになりましたが、障害者に対する差別やバリアは、今なお法制度上も、人の心の中からも消滅してはいません。障害者基本法が制定され、その後物理的バリアを除去するための各種法律は整備されてきたが、まだ「障害者が障害者であり続ける権利」が、確立されているとは言い難い状態にあるといわざるをえません。

（3）人権享有主体としての障害者の歴史的変遷

本来、人権とは、「人が人であることに基づいて当然に有する」権利で、「一定の身分や人種や性別を前提として享受しうるものではなくて、人間本来の権利として存在するもの」である以上、障害者であっても当然人権を有する筈です。ところが、現実には、障害者の人権問題は、「人権主体としてではなく、健体者・健常者とは区別＝差別して、別のカテゴリーで捉えられる『差別』の法体系を前提に」し、「社会的危険主体として、無差別に、社会的隔離の段階から、社会的選別、社会的統合などの処遇の推移をへて」、人権主体として「漸次確立への歩みを辿っている」と指摘されてきました（中村睦男「1　人権の歴史的展開と人権の規範的構造」・河野正輝他編『講座　障害をもつ人の人権』第1巻・第1章・4頁、有斐閣2002年）。

つまり、障害者は人権確立の歴史の中では、「無価値」あるいは「有害な」生命体とされ、軽視ないし蔑視されてきたのです。その障害当事者が、「私たち抜きに、私たちのことを決めないで（Nothing about us without us）」というスローガンの下、障害当事者が中心となって21世紀の国際社会に「障害者権利条約」を送り出したのです。

（4）障害者の権利条約における障害者の権利保障の社会的価値と利益

障害者の権利条約は、その前文において、「（C）障害者が全ての人権および基本的自由を差別なしに完全に享有することを保障することが必要であることを再確認し」、「（h）いかなる者に対する障害に基づく差別も、人間固有の尊厳および価値を侵害するものであることを認め」、「（k）これらの種々の文書および約束にもかかわらず、障害者が世界のすべての地域において、社会の平等な構成員としての参加を妨げる障壁および人権侵害に依然として直面していることに憂慮し」、「（m）障害者が地域社会における全般的な福祉及び多様性に対して既に貴重な貢献をしており、または貴重な貢献をし得ることを認め、また、障害者による人権および基本的自由の完全な享有並びに完全な参加を促進することにより、その帰属意識が高められること並びに社会の人的、社会的および経済的開発並びに貧困の撲滅に大きな前進をもたらされることを認め」、そして、「すべての障害者によるあらゆる人権および基本的自由の完全かつ平等な享有を促進し、保護し、および確保すること並びに障害者の固有の尊厳の尊重を促進することを目的（1条）」として制定されました。

障害者の権利条約のこの目的規定には、障害者が全ての人権と基本的自由を差別なしに完全に享有することが、社会にとって貴重な価値と社会全体の大きな利益をもたらすものだという理念が語られています。その意味で、障害者の権利条約が想定する社会は、障害の有無にかかわらず、全ての人が個人として尊重され、その属性に基づいて個人あるいは個人の生命そのものに価値序列を付すことを許していない社会です。

（5）障害者の権利条約と憲法及び国際人権規約との関係

この裁判を闘っていた当時、障害者の権利条約はまだ批准されていませんでした。しかし、障害者の権利条約自体は未批准であっても、国際人権規約や日本国憲法によって障害者の生命の権利はすでに保障されている権利でした。その権利が社会的な障壁によって障害者が享有できないでいるという認識の下に、その障壁の除去を具体的に定めたのが障害者の権利条約です。

（6）私権の享有主体

わが国の民法は、「私権の享有は出生に始まる」（民法3条）と規定しています。つまり、「すべての人間は、出生と同時に民法2条の解釈指針（「個人の尊厳」を旨として解釈すべしとの指針）のもと、生命および身体（＝健康）の享受を内容とする権利（人格権の中核をなす権利）の現実的享有を始める」のです。このことは、生まれた子供のいかなる属性ともかかわりなく、出生と同時に「人間としての尊厳」を獲得し、個人として尊重され、生命という権利の享有主体となることを意味します。それが憲法だけでなく、市民生活に直結する民法でも、自明の前提とされているのです。

ところが、もっとも重要な人格的利益である生命が奪われたとき、これを賠償するために「逸失利益」という考え方が浮上し、生命に価値序列が着けられるのは何故でしょうか。「ゼロ」と評価された人間は、「生命権の享有主体となりえない人間」、「生きていく価値のない人間」なのでしょうか。「人間が人間であることだけを条件として享有する」はずの人権を奪われたとたんに、死者に対し、「生きていても、将来利益を生み出すはずのない人間であったから、経済的に無価値な人間である」と烙印を押すことは、生きていた時の、「人間としての尊厳」まで否定し尽くすことにはならないでしょうか。そのような考え方は、稼働能力とそれによる生産性によって、人間に価値序列を付けるものです。等しく人権享有主体である者の間に価値序列を持ち込むことは、わが国憲法及び民法が許していません。障害者の平等な生命に対する権利の障壁の一つとして障害者の生命が失われた場合の逸失利益の問題があるといえるでしょう。

我が国憲法における「個人の尊厳」

日本国憲法において、憲法13条が憲法の基本的人権規定の総則的地位を占め、人間の尊厳を基盤に個々人の尊厳を保障するものであると一般的に解釈されています。尊厳を持った個々人はその属性（男性、女性、障害者、健常者）にかかわらず、等しくその尊厳を保障されなければなりません。少なくとも建前上は、どのような属性を持つものも生きている時には、等しい権利を（抽象的に）有することを否定する者は存在しないのに、ひとたび、障害者が事故などによって死亡するや、障害者と健常者はあからさまに差別されるのです。民法709条の不法行為によって生命を奪われた場合に、我が国の民法に関する学説、判例は、一旦、死亡した本人が取得した損害賠償請求権を相続人が相続するという構成をとっています。そうすると、死亡時の損害賠償額についての障害者と健常者の差は、死亡した障害者と健常者との間の権利の享有に関する差の問題と理解されることにならざるをえません。相続構成を取る限り、死亡した障害者と健常者との間の損害賠償額の差は、憲法14条による平等原則に違反するかどうかという問題にさらされることになるのです。健常者と障害者の死亡による損害の差がわが国法秩序の観点から見て合理的な差だと説明できない限り、日本国憲法14条により禁止される不平等な差別となるのです。それは、同時に問題が生命という個人のもっとも基礎にある権利に関わる問題であるだけに、その差別は憲法13条の「個人の尊厳」の侵害の問題ともなることになります。

それでは、憲法や国際人権規約の観点からこの点は合理的と説明できるでしょうか。

個人の属性を理由として「差別」することの不合理性

(1) 平成22年5月27日、京都地方裁判所は、労働災害の後遺症である醜状障害について、男女で障害補償給付に差を設けている労働者災害補償保険法施行規則別表第1に定める障害等級表が、憲法14条1項に違反するという判断を下しました。これは事故によって残った醜状痕について、これまでは就労上の不利益や精神的苦痛などが、男女間で大きな差があるという「社会通念」が存在し、それに基づいて男女間に差を設けても良いと考えられてきたのです。そこには、一方で女性の容貌に大きな価値を認め、他方、「男の価値は見かけに非ず」という女性の人権を認めていなかった時代の残滓があります。醜状障害を理由とした就労上の不利益は、女性だけとは限らないし、醜状障害による精神的苦痛についても、特に男女差があることは証明されていません。この例のようにかってには疑問視されていなかった性別による差別的取り扱いが、不合理な差別であるとされたのです。

（2）これと同様に、その他の障害に基づく差別についても、その合理性について「個人の尊重」ないし「人間の尊厳」という観点に立って、社会における価値観の変化、人間の発達可能性、医学を含む科学の進歩、社会制度の変化や法律制度の変化など、多面的な面から問い直してみる必要があります。

例えば平成13年まで、「目が見えない者」「耳が聞こえない者」「口がきけない者」は、医師や薬剤師などの資格を要するいくつかの職業に就くことができませんでした。しかしこれらの法令はその後改正されて、たとえこのような障害があろうとも、適切に業務が遂行できるならば、その資格を得て就労することが可能となっています。長い間障害者の能力を封じ込めてきたのは、「目が見えない、耳が聞こえない者に医者などできるはずがない」という「社会通念」という名の固定観念にすぎないのです。

（3）問題は、知的障害や精神障害をもつ人の場合でも同様です。知的障害があるから、「普通に」働くことはできないに違いないとか、自閉症だから人間関係をうまく作れず、就労は無理だと、発達途上の若年者について断定するのは、人間の発達可能性や社会の障壁の変化、それを目指す法構造の変化やその中で就労の場を作ろうとしている様々な社会での動きに目を閉ざすものであり、乏しい知識に基づく誤った判断だと言わざるを得ません。本件で問題となった「逸失利益」は、このような固定観念と不確実な想定の上に作り上げられた実務処理上の「算定方式」にすぎないのです。自閉症や知的障害を理由に「逸失利益」を認めないことは、「生きていても経済的価値を生み出さない」という、将来の不確実な稼働能力による生産性のみを、人間の価値ととらえた偏った考え方に基づくものです。このような考えは障害者の権利条約前文に定める障害者の社会的価値や貢献という立場とは相容れないものです。そのような考え方に依拠して、障害者の生命侵害に対する賠償額を抑制することは、障害を理由とした差別的取り扱いであり、日本国憲法14条1項に違反するものです。

（4）平等とは、すべての人が、人間としての固有の可能性を実現する人生を、尊厳をもって生きることを保障されることを意味します。憲法14条1項は、人間の価値に軽重や序列を付けることを許していません。障害を理由に、生命価値に序列を付けるとすれば、憲法の禁止する「社会的身分による差別」にあたります。

「全ての人は平等に造られ、造物主によって、一定の奪うことのできない天賦の権利を付与されており、その中には生命、自由および幸福追求の権利が含まれる」と規定しているのは、1776年のアメリカ独立宣言です。この基本理念は、200年以上経過しようとも、たとえ宗教的な表現形態をとっていようとも、普遍的な真理であることを否定することはできません。そのアメリカでは今も、「個人の尊重」という理念の下、不可変な属性に基づいて差別される場合には「個人が個人として尊重されていない」ものと位置づけられ、社会での自分の生き方にかかわる基本的選択によって、差別的取り扱いを受ける場合には、「個人の自己実現を妨げ」「個人の尊重と両立しない別扱い」は許されない差別とされているのです。

亡晃平君も、このような人間として生を受け、等しく個人として尊重され、生命権を含む人格的利益の享有主体となりました。その生命の価値は、他の子どもと完全に平等であったことは否定できない事実です。確かに、多くの子どもとは異なる人生を歩んできたかもしれない。しかし、原告ら家族をはじめとする周囲の者に支えられながら、また逆に原告ら家族をはじめとする周囲の者にその発達の喜びを実感させながら彼固有の人生を尊厳をもって生きてきました。ところが、平等な価値をもって生まれ、平等な価値を維持してきた人間が、死亡したとたん、その生命侵害に対する補償について、障害を理由として明らかに差別されるということは、あまりにも不合理です。

（5）「差別」とは何か。日本国憲法14条1項は、「すべて人は法の下に平等」という前段と、「……差別されない」という後段から構成されています。「差別」と「不平等」はどう違うのでしょうか。「〈不平等〉の語は、ある状態が理想と乖離している状態を指して用いられる言葉であり、〈差別〉の語は、ある行為の背景にある差別感情・嫌悪感などの心理を指摘して用いられる言葉」であることから、「差別感情に起因して発生する現象が、〈差別〉という現象である」とされています（木村草太「平等なき平等条項」184〜185頁・東京大学出版会)。つまり、「差別」とは、悪意を背景にして、選別・序列化・排除というような形で表れる現象というわけです。知的障害者に対する差別感情は、「彼ら障害者と自分とは異なるのだ」という蔑視感情を背景に持ちつつ、その裏返しである自尊心を共有する人々によって増幅され、種々の差別として現象化されます。生命を侵害された知的障害者の「逸失利益」を、不当に低く抑えてきたのは、このような差別感情であり、不当に抑制された「逸失利益」は、憲法14条1項後段により禁止されている、現象としての差別なのです。

川崎教授の次の指摘は本質的です。

「実務家たちが、『公平な』損害賠償額を算定するために編み出した『逸失利益』の計算方式が、一見科学的で合理性があるように見えながら、障害者に対する差別感情を助長する役割を果たしているという現実から目をそらすべきではない。それは、非嫡出子の相続分差別規定が、非嫡出子を差別する社会的風潮を助長しているのと同様である。

人間の価値を経済的生産性という面からしか判断しようとしない考え方は、多くの障害者から生きる希望を奪い、障害児をもつ親を絶望の淵に立たせるであろう。司法が、このような判断を是とすれば、同じ状況にある人々への影響は計り知れない。『何度も経験してきたことだが、知的障害者は、自分の愚かさよりも、人々の愚かさにより、ずっと苦しめられてきたのだ』というニイリエの言葉が、ここでも想起される。」

私たち裁判官や弁護士など法律実務家に向けられたこの批判を正面から受け止め、これに答えることが私たちに求められているのです。

逸失利益論についての批判は別の箇所で詳細に述べられているので、省略します。

障害者の働く権利

障害者の労働権の保障

障害者も日本国憲法27条1項の基本的人権としての労働権保障の対象です。しかし、障害者に雇用機会を平等に保障すると言っても、障害者の側に働く意欲と能力があっても、障害があることを理由に、あるいは障害そのものに対する偏見や誤解を理由として、雇用の場に就く機会すら与えられないことが多いのですから、積極的な措置が採られなければ権利があると言っても絵に描いた餅となります。このような積極的措置は、ＩＬＯ１５９号条約４条が、「障害者である労働者と他の労働者との間の機会及び待遇の実効的な均等を図るための特別な積極的措置は、他の労働者を差別するものとみなしてはならない」としているように、むしろ、法的に要請されているものなのです。

しょう。

障害者雇用関係法令の内容

このような障害者の労働権実現のための立法として存在するのが、①障害者基本法②職業安定法③職業能力開発促進法④高齢者雇用安定法、及び⑤障害者雇用促進法などです。この裁判段階では存在していませんでしたが、今日では、差別解消法もこれに入れることができるでしょう。

障害者基本法は、その3条において「すべて障害者は、個人の尊厳が重んぜられ、その尊厳にふさわしい処遇を保障される権利を有するものとする」（3条1項）と規定し、第2章「障害者の福祉に関する基本的施策」において、国及び地方公共団体に対し、障害者の福祉に関する基本的施策の一環として、障害者の優先雇用の施策を講じることを含む雇用保障にかかわる施策を義務づけています。障害者雇用促進法が、障害者雇用促進のための中心的な法令ですが、これは、障害者の雇用の場を保障するための施策として、「割当雇用」方式を採用しています。この制度は、①障害者雇用率制度、②身体障害者または知的障害者の雇い入れに関する計画制度、③障害者雇用納付金制度の三つの柱からなっています。このうち、障害者雇用率制度とは、事業主等に対して、一定の雇用関係の変動がある場合（新規雇入、解雇等）には、その雇用する労働者にしめる身体障害者または知的障害者の割合を一定率（法定雇用率）以上にすることを義務づける制度です（裁判当時の雇用率は、民間企業1・8％、国及び地方公共団体2・1％。平成25年4月1日以降は民間企業2・0％、国及び地方公共団体2・3％）。雇用率未達成の事業主から納付金を徴収し、これを身体障害者または知的障害者を雇用する事業主に支給される調整金、報奨金及び上記障害者の他に精神障害者を雇用する事業主に支給される各種の助成金等の財源にあてられています。その他、JOBコーチ制度の導入など、具体的な障害者の雇用を支援する施策が取られてきています。

障害者差別解消法の「合理的配慮」義務

この裁判後、障害者基本法が改正され、4条は、差別行為を禁止し、社会的バリアを取り除く合理的配慮をしないことが差別だとされました。これを具体的に実現するための法律が障害者差別解消法です。この障害者差別解消法が2013年6月19日も成立しました。

2013（平成25）年には、障害者雇用促進法が改正され、職場における差別禁止と合理的配慮の提供義務が規定されました（ただし施行は平成28年4月または平成30年4月）。

障害者雇用の状況

被告はこの事件で養護学校高等部の就職率が低下状況にあり、「長期将来的蓋然性においても、本件原告の主張する平均賃金等での逸失利益の積算請求主張は、立法論・福祉政策として論ずるならともかく、本件具体的事案においては、失当である」と反論していました。しかし、障害者の雇用状況については、毎年、厚生労働省が障害者雇用の状況を調査し、それを公表している障害者雇用統計によれば、障害者全体を見ても、知的障害者についてもその雇用は改善の傾向にあり、裁判中に発表されていた平成23年度統計でも雇用障害者数、障害者雇用率とも過去最高を達成するに至っていましたが、この傾向は、その後も続き、平成25年には、民間企業の障害者雇用者数が10年連続で過去最高を記録し、知的障害者雇用も増加を続けています。

これらの統計数字を見れば、少なくとも障害者雇用の分野については、種々の施策が進み、障害者雇用の数は改善を続けているのです。これは、原告の主張が単なる政策論ではなく、規範的要請に基づく趨勢の予測であり、その意味で今後大きな政策的転換が予定されている現時点において、それを受けて将来的な障害者雇用の大幅な改善を予測することは単なる希望や期待ではなく、客観的な根拠をもった「事実」であると私たちが主張していたことが正しかったことが実証されているのです。

最後に

民事訴訟で争われる障害者の逸失利益について、生命に値段は付けられないと言いながら、逸失利益が少ないからと争うのは、自ら障害者の生命に値段をつけているのではないかと心ない非難が浴びせられることがあります。遺族が本当に望んでいるのは、「死んだ子どもを生きて返してほしい」ということです。それが無理だとわかっているからこそ、自らの気持ちを抑え、せめて亡くなった子どもを大切に扱ってほしいと訴えているのです。しかし、多くの場合、この遺族の気持ちは理解されず、責任を逃れる言動のみが施設側から投げかけられます。遺族にとって障害のあるなしではなく、死んでいった子どもを大切に思う気持ちが怒りとなって、これらの行動に立ち上がらせます。子どもをあずかる施設が、一人一人の子どもをかけがえのない存在として扱うこと、如何に懸命に生きてきたかを周囲の人間が理解すること、それが生前も死後も必要なことだろう思います。

この事件後、障害者を巡る法整備は進みましたが、この事件と同じように障害者施設で障害者が死亡する事故は絶えていません。逸失利益問題も、裁判実務上全く同じように繰り返されています。この裁判が問いかけた生命の価値を巡る根本的な問題は全く解消されていません。わが国の裁判実務には、多くのドグマがあります。裁判官も弁護士も裁判実務に携わる者は、判例だ、これが実務の取扱だといって思考停止に陥る前に本質を問い直す時期にきているのではないでしょうか。この分野にかかわらず、多くの分野で意識改革が求められている時期だと感じます。

医療がひらく未来―医師、療育者の立場から―

堀江　重信（小児科医、南部地域療育センター「そよ風」）

今までの経過をお聞きしたとき、「逸失利益ゼロ」とは本当に人を馬鹿にしているという感想を強くいだきました。

得られたはずの逸失利益とは

まず、逸失利益とは何か、『広辞苑　第六版』であらためて調べてみました。「逸失利益とは、債務不履行、不法行為がなければ得ていたはずの利益」と書いてあります。この場合不法行為とは事故による生命侵害をさします。また『パーソナル現代国語辞典』には「事故にあわなければ得ていたはずの利益」と書いてあります。つまり不法行為や事故にあわなければ得ていたはずの本人の利益であり、「社会に対する利益」ではありません。

それでは得られたはずの利益とはなんでしょうか。それは、人の労働、生活から得られる利益だと思います。

ここで、確認をしておきたいのは、自閉症についての概略です。自閉症というのは三つの症状を持っています。①コミュニケーション障害、②対人関係障害、③同一性保持（こだわり）、想像の障害、この三つです。ここで注意しておきたいのは、一般社会生活を送るとき、コミュニケーション障害や対人関係障害はひじょうに目立ちやすく、ここに障害があるとすべてに無能であるように映ります。反対に動作性、つまり目で見て手で行うことはわかりにくいものです。コミュニケーションや対人関係に大きなおくれがあっても、一人で黙々と仕事をすることには大きな力を発揮することがあり、その場合、障害の一部であるこだわりがすばらしい「集中力」になることもあるのです。

労働について

労働とは「外界に働きかけて外界を変えること」です。

私は、毎日、重症心身障害児といって、知恵おくれも身体障害も重度の子どもたちをたくさんみています。この子たちは精いっぱいがんばって生きています。その子たちをみていると、私たちも本当にがんばらねばと思います。つまり重症心身障害児はなにもできないと思われているのに、私たちの心やからだを動かしている、つまり外界を変えているのです。

戦後いち早く設立された障害児施設「近江学園」を創設された糸賀一雄先生は、次のように言っておられます。

「この子らはどんな重い障害を持っていても、だれと取り替えることもできない個性的な自己実現をしているものである。人間と生まれて、その人なりに人間となっていくのである。その自己実現こそが創造であり、生産である。私たちの願いは、重症な障害をもったこの子たちも立派な生産者であることを、認めあえる社会をつくろうということである。「この子らに世の光を」あててやろうという哀れみの政策を求めているのではなく、この子らが自ら輝く素材そのものであるから、いよいよ磨きをかけて輝かそうというのである。「この子らを世の光に」である。この子らが生まれながらにして持っている人格発達の権利を徹底的に保障しなければならぬということなのである。」（糸賀一雄『福祉の思想』177頁、NHK出版、1968年）

以上述べたのは主として考え方の問題です。それでは障害が重い人でも実際に生産できるでしょうか。皆さんよくご存知の〝裸の大将〟こと山下清さんは一般的には知恵おくれといわれていますが、その文章を見ると自閉症＋知恵おくれです。視覚的記憶力が抜群で、画伯といわれるほどの立派な作品をたくさん残しています。またノーベル賞作家の大江健三郎さんのご子息も脳ヘルニア由来の障害をもっていますが、絶対音感があり、音楽家として成長し、立派なCDを出しています。これらは特殊な例かもしれませんが、言いたいことはかくれた労働の力はいつ開花するとも限らないということです。実際、前に述べたように、自閉症の人は、黙々としてする仕事ならかなりなことができます。そして逸失利益として算定されるのはこの部分です。しろうとの私はこれを「収入的逸失利益」と呼びます。

生活について

生活というのは、狭義の生活、学習、遊び・趣味、交友などを含んでいます。

①狭義の生活：食事、衣服、清潔、排泄、睡眠などです。生きていれば美味しい食事を楽しんだり、温泉につかって英気を養ったり、休みのときはいつまでも寝ていたりなどができます。

②学習：自閉症のため本を読むことは困難でも、学習の機会はいくらでもあります。テレビ、ビデオ、DVD、いろんな経験（毎日の生活、遊び、旅行など）から学習することができます。そのなかにはたくさんの喜びと成長があります。

③遊び、趣味：人間が他の動物との違いはこの点にあるといわれています。歌、音楽、カラオケ、映画、テレビ、ビデオ、ゲーム、スポーツ、旅行などいろいろあります。これらを通しても喜びと成長が期待できます。

④交友。自閉症の本質的障害は対人関係障害です。交友は非常に難しい領域ですが、人が嫌いというわけではない。うまく付き合えないが、まわりが調節すれば、成長するにつれて、集団を楽しむことはできるようになります。

私はこれらを「支出的逸失利益」と呼んでいます。

死亡することによって、労働、生活、成長・発達の喜びなどすべてが失われてしまわけです。

南医療生活協同組合の医療事故三原則に学ぶ

医療と福祉という違いはありますが、事故の対応には参考になるので、転載します。

（1）事故への応急処置を速やかに行い、苦情への適切な対応を行うと共に、関係者、特に、主治医とその科の部長、診療所、ステーションでは所長に必ず速やかに連絡する。
（2）事故責任への対応は各事業者としての医学的、法律的責任の有無を確認してから行う。当生協に過失があると管理者が判断した場合には、誠意をもって民事上の責任をとる。
（3）医療事故再発防止システムの徹底により、事故原因の確認と再発防止の方策を現場に徹底し、その学習によって再発防止に努める。

自閉症は近未来に治るかもしれない　～ｉＰＳ細胞による再生医療の発展～

自閉症の医学的治療はいろいろ行われていますが、最近のものとしては、金沢大学などが行っているオキシトシンによる社会性の改善が比較的重要視されています。これから述べようとするｉＰＳ細胞による再生医療は即戦力もありますが、だいたいは数年以内のこと、しかも決して夢ではないことです。

２００６年、京都大学の山中伸弥教授は、人間の皮膚から「人口多能性幹細胞」をつくるのに成功しました。これは、「おとなの人間の細胞を原料に、いろいろな細胞になれる細胞ができた」ということです。再生医療にとって大きな前進です。心臓、肝臓、腎臓そして神経まで自分の皮膚の細胞からつくれたら、これは夢のような話ですが、現実化しつつあるのです。現在はいくつかの例外を除いて、まだ実験段階です。いくつかの報告を列挙しましょう。

（1）奈良先端科学技術大学大学院教授の中島欣一教授は、脊髄損傷マウスに幹細胞移植と同時に坑てんかん薬（バルブロ酸）を与えたところ、6週間後に約7割が歩けるまでになった（2010年8月17日、日本経済新聞）。約10万人以上の人間の脊髄損傷患者に光明。
（2）岡野英之教授ら：iPS細胞を用いた脊髄損傷の治療法開発を目指した研究を進めている。マウス脊髄損傷モデルに対するヒトiPS細胞由来神経幹細胞移植の有効性を確認（2011年9月27日）。2020〜2021年に実用化か。
（3）田口明彦氏：骨髄細胞（造血幹細胞）移植でラットの老血管を若返らせた。これによってラットで神経機能の改善、脳梗塞の予防ができる。人間においては、血管性認知症の治療ができるようになる。若い時の自分の脊髄細胞を保存し、後年移植すると若返ることができる。骨髄細胞のかわりに臍帯血を使ってもよいし、骨髄細胞はiPS細胞からつくることもできる。
　2013年、東京大学の山崎聡助教と中内啓光教授らはマウスの生体内でiPS細胞から造血幹細胞をつくることに成功した。

　これらの研究では輸血製剤の確保も期待されている。
（4）高橋政代氏：iPS細胞から目の網膜細胞をつくる。加齢黄斑変性にたいする再生医療はすでに2014年9月12日に開始された。1年後の2015年10月時点で結果は良好と報告されている。

(5) 高橋淳教授：京都大学では、ヒト・iPS細胞から作成したドーパミン産生神経細胞の細胞移植によるパーキンソン病の治療法の開発についての研究が進められている。(中略)数年以内に患者を対象にした、パーキンソン病の再生医療のための臨床研究が実施される見込みである。この病気は約14万人(2011年)いる。2018〜2019年に実用化か。

(6) 澤芳樹教授：大阪大学。iPS細胞由来の心筋シートの実用化は2018〜2019年か。脚由来のものは既に実用化され、保険が適用されている。

(7) 川口義弥教授ら：京都大学で糖尿病について。ランゲルハンス島だけでなく、すい臓全体が必要なことを確かめた。マウスではすでに成功している。2018〜2019年に実用化か。

○iPS細胞の研究が行われている組織や臓器

毛、脳、目、歯、皮膚、心臓、すい臓、肝臓その他

(山中伸弥監修『iPS細胞の世界』日刊工業新聞社、2013年)

○推定されている実用化の時期

2016〜2017年：角膜、皮膚、心筋シート（非・iPS）
2018〜2019年：パーキンソン病、がん免疫療法、心筋シート、すい臓（糖尿病）
2020〜2021年：涙腺、唾液腺、脊髄
2022〜2023年：歯
2024〜2025年：胃腸

（NHK「あさイチ」ぐぐっと身近に！再生医療最前線、2016年1月20日放送）

以上みてきたように、神経関連では、脊髄損傷、パーキンソン病などが実用化の射程に入っています。自閉症の完治は難しいかもしれませんが、いろんなレベルでの治療は遠からず行われると思います。

最後に、山中教授はiPS研究について「単なる基礎研究ではなく、この技術を患者さんのもとへ届けるのが目標。10年間で創薬、再生医療を実現させたい」と語りました（2010年5月8日）。その後の教授の発言では、進展は予想以上だとうれしい悲鳴をあげています。なお、教授は2012年にノーベル生理学・医学賞を受賞しました。

本裁判と類似の裁判の判例

（1）重度自閉症（17歳）男、北海道、交通事故、逸失利益をめぐり和解。

今回の和解では、逸失利益は北海道の愛艇賃金（事故当時）と障害年金を基に評定された

（「しんぶん赤旗」２００９年12月20日）。

（２）重度知的障害、てんかん（16歳）男、青森、施設で入浴中事故。逸失利益をめぐり判決。逸失利益金を含む３２００万円を認めた（「朝日新聞」２００９年12月29日）。

何人も法の下では平等

（１）憲法一三条

すべて国民は個人として尊重される。生命、自由、幸福追求に対する国民の権利については公共の福祉に反しない限り、立法その他の国政の上で最大の尊重を必要とする。

（２）憲法一四条

①すべて国民は、法の下に平等であって、人種、信条、性別、社会的身分または門地により、政治的、経済的、または社会的関係において差別されない。（②、③省略）

晃平君は、もし生きていたら、思想的にも、法的にも、実際的にも、自分自身および社会に対して十分に利益をもたらすであろうことを、私は確信しています。

重度障害者は生きていても社会的利益にならないのか

藤本　文朗

２０１０年春、名古屋の中谷弁護士が京都の私の家に来られ、伊藤晃平君の裁判のことを３時間話され、協力を求められた。

私はこの事件を全く知らなかったが、損害保険会社の社員の「この子が生きていても社会に何ら利益がない」という主旨の発言に怒りを感じ、後述するように、多少障害者の裁判にかかわった研究者のひとりとして、協力することを約束した。

私の専門は障害者教育などであるが、１９８５年、ベトナムに留学して枯葉剤被害によると考えられる結合双生児ベト・ドク（当時4歳）に会い、主治医のフン博士から二人が遊び、勉強できる特製車イスを日本の技術で、と言われ、１週間かけて二人のカルテを調べ、体型など測定した。ホーチミン市のホテルに帰ると、ある日本の商社マンに、「先生のやられていることは素晴らしいことかも知れませんが、こんな子を生かしておくことは、家族にとっても、社会にとっても、不幸ですよ」と言われた（藤本他編『ベトとドクと日本の絆』新日本出版、

2013年)。私はこの言葉に怒りを感じ、いや励まされて、その後も二人だけでなくベトナムの障害児教育への支援をしつづけて30年になる。それだけに「晃平君の死を見すごすわけにはいかない」と思い、臨床畑の研究者なので、すぐ活動をはじめた。

私はまず伊藤晃平君の仏壇に線香をあげに行った。そしてお母さんの話を聞いた。以下はお母さんの言葉で語ってもらったメモである。

「私には4人の子どもがいて、幸せな日々を過ごしていました。が、ある日突然〝その日〟は来ました。

自閉症という障がいをもっていた末っ子の晃平が、ある福祉会でショートステイ利用中、階段からの転落事故で、15歳11カ月の命を奪われたのです。

一人の命を奪った大事故にもかかわらず、福祉会側のその後の対応に、誠意を感じることはできませんでした。

窓口となる職員が「すみません」と言ったものの、それは全く心のこもっていないただの5文字を言っただけにしか感じ取れませんでした。事故当時、晃平には、職員が二人ついていましたが、本人たちからの謝罪はまったくなく、お線香の1本もあげに来てくれませんでした。施設側からは、今になっても正式な謝罪はありません。

安全であるはずの認可施設で、なぜこんな死亡事故が起きたのでしょうか。

真っ暗な中、階段に向かった晃平を、危険から守ってもらえなかった晃平のことを思うと、胸が張り裂けんばかりの痛みを覚えます。

事故後の福祉会の対応は、A損害保険会社に任せっぱなしで、何の責任も取ろうとしませんでした。損害保険会社は、「生きていても社会に対する利益がないケースだ」と言い、逸失利益はゼロだと言うのです。

福祉会も、損害保険会社の言うことに対して反論することもなく、さもそれが正しいかのように同調する始末です。福祉会は、弱者の立場に立ち、弱者を支援する立場なのに、障がいのある晃平の命を差別する損害保険会社に同調するばかりです。福祉会は、反論すべきではないのでしょうか。

そんな福祉会と損害保険会社に対して、家族は「晃平の命をバカにするな」という思いで、二人の弁護士に依頼し、裁判を起こすことになりました。現在、裁判中です。

裁判するにあたって、支援する会も発足され、月に1回の街頭署名、またホームページも開設されました。年齢、障がいに関係なく暮らしていける世の中を望んでいます。

この裁判は、平成21年5月27日、名古屋地方裁判所に提訴して始まりました。翌日には、新聞各紙が大きく報道しました。平成22年5月2日には、憲法記念日特集記事の1項目として、『中日新聞』が大きく取り上げました。

こんな悲惨な大事故はもちろん二度とあってはなりません。福祉会は、安全対策を強化して、職員に適材適所のもと、障がいのある人の個人個人の特性を把握し、その人が何に困っているのか、何を求めているのか、どんな支援を必要としているかをしっかりととらえて、的確な判断をすべきです。人の命を預かることは、中途半端な考えや力量不足ではやれません。

平成4年1月22日に元気な産声をあげた晃平は、待望の男の子で、3478gとジャンボベビーでした。すくすくと元気に育ち、言葉も少しずつ話せるようになり、順調に成長しているかのように思っていました。

それが2歳半頃から言葉が消えてしまい、相談したところ、障がいがあって自閉症と診断されました。

当時の私は、障がいって何？　自閉症って何？　とただ驚くばかりでした。

そんな中にも冷静になり、まずは晃平に必要な支援はどんなものかと情報を聞いて、晃平に適する幼稚園、そして、小学校、中学校、高校も守山養護学校を選択し、毎日、元気に通っていました。運動会、発表会などは、本番にとても強い晃平で見事に自分の役をやりとげ、家族を喜ばせて感動をくれました。

私たち家族にとっては、晃平の障がいは、一つの個性というべき障がいであって、何も特別なことではなかったのです。家族の中でも、大人気の晃平は、自分でやれることが増えるたびに感動を与えてくれました。

毎年欠かさず行っていた旅行は、家族が困る場面もなく、晃平も楽しめて、たくさんの経験をすることができました。晃平だけのためではなく、家族が楽しめる時間もたくさんあり、初詣に始まり、節分、ひな祭り、花見、節句。夏にはプール、海水浴、紅葉、イルミネーション、クリスマス。数多くの行事、行楽を楽しんだものです。こんなに楽しく、当たり前の生活がずっと続くものだと思っていました。

晃平が高校生で15歳になった頃、今がチャンスだと思ってショートステイを利用していました。3回目の利用で、悲劇が起こりました。

とても人なつこい晃平は、たくさんの人たちと出会い、様々な経験をすることが、より一層大きな成長を遂げることになるだろうと思い利用した福祉会。

その福祉会で、わずか15歳の未来ある命を奪われました。

危険察知ができないと伝え、それを知っていたはずなのになぜ……。

晃平は、転落寸前まで危険回避をしてくれると信じていた。まだまだ長い人生が待っていたはずなのに。施設のミスにより、すべてが奪われてしまいました。

事故当日の明け方、福祉会から「晃平さんが階段から転落しました」という電話をもらってからは、晃平が死ぬはずがない、と自分に言い聞かせながらも、半狂乱で病院に駆けつけました。

病院での晃平の姿は、無惨な姿でした。

元気一杯、満面の笑みの姿はなく、チューブがたくさんつながれており、目を閉じ、苦しそうな表情をしてベッドに寝ていました。その姿を見て家族は卒倒寸前でした。

別室で医師から「助かる可能性は低いです。会わせたい人がいたら、会わせてあげてください」と告げられましたが、信じることはできず、必ず奇跡が起こり、元気な晃平に戻ることを念じていました。しかし、そんな祈りはかなわず、晃平は旅立ってしまいました。私にとって、晃平は宝物であり、生きがいでした。そんな晃平が、ある日突然、何の予兆もなく私の手から遠く離れてしまい、一気に奈落の底に突き落とされ、生きた心地がしませんでした。晃平はなぜ、短い人生で終わらなければならなかったのですか。

人は障がいがあって話せないと、何もできない人間と決めつけてしまいがちですが、それは間違いであり、障がいがあっても、それを補う方法があるのです。

一人の人間として、付き合ってやってほしいのです。こんな悲惨な事故は決してあってはなりません。

もうすぐ、12月22日がくれば、晃平がいなくなってから3年がたちます。晃平がいない生活に慣れるはずもなく晃平の代わりになる人物がいるはずもありません。

今でも、家族の中では、晃平の名前が何度も出ており、それほど私たち家族にとっては晃平が必要で愛されていたというのは言うまでもありません。

この悲しみは、一生消えることはありません。

今でも家族は思っています。

「晃平、かえってこい！」って。


晃平がいなくなってしばらくは何も考えることもできず、一日一日がただ虚しく過ぎていきました。義理の兄が福祉会に話をしても、福祉会は誠意を見せませんでした。仕方なく弁護士に相談をしました。

弁護士は、証拠保全という手続きを取った上で、福祉会側の損害保険会社と交渉をしてくれましたが、逸失利益ゼロの主張を譲らず、晃平の生命は健常児の４分の１くらいの価値しかないという主張を譲りませんでした。

私にとって、家族にとってかけがえのない晃平が、なぜ死んでからも差別されなければならないのでしょうか。

こうして私と子どもは、障がい者の命も平等に扱うよう求める裁判を起こすことになりました。裁判を起こしたことを知って、私の周りから障がい児を抱える多くの友人が去っていきました。福祉会と対立している私と付き合っていると、我が子に不利益が及ぶのではないかと心配したようでした。

しかし、裁判の意義を理解し、親身になって私たち家族を支え、励ましてくれる友人もいました。何よりこの裁判を通じて、今まで知りあうこともなかった晃平のことを、自分のことのように考えてくれる人たちと知り合うこともできました。

金山駅（名古屋市中区）前など、街頭で署名を集めることなど私にとっては考えられないことでしたが、毎月1回、皆さんと街頭に立って、晃平のことを訴え、署名を集めています。みなさんと、全く知らない若い人たちが進んで署名に応じてくれます。「わずかですが」とカンパを寄せてくれる人も「ぜひがんばって、いい判決をもらってください」と励ましてくれる人もいます。90分間の署名集めで、だいたいいつも１００人から１３０人くらいの署名が集まります。

街頭に立つと私たち家族の思いは決して間違っていないのだ、保険会社が、福祉会が間違っているのだという確信を与えてもらえます。

晃平のことを授業で取り上げてくれた中学校の先生、遠く海外から励ましのメッセージを寄せてくれる人たち、そして今このように本に原稿を書くことなど、晃平のことがなかったら決してなかったことがどんどん起きています。
晃平が私たち家族を導いてくれているんだねと家族で話したりする毎日です。
晃平　ありがとう。

＊＊＊

この裁判で問われているのは、憲法第14条「すべて国民は法の下で平等」に違反の問題でだが、もう一面は、自閉症障害の人たちの発達、存在の価値をどう見るかということである。私は「福子の伝承」（人民の知恵）、糸賀一雄の「この子らが世の光に」の思想から、この裁判の意見書を考えた。また、欧米、日本の判例、さらに和解した関西のある学校での常同行動から失明した事件の裁判（大阪高裁判決、２００７・６・21、教育委員会の和解金、１億円）などを参考に考えた。これらの人々が差別されるのはなぜか、社会的解明が求められると考えた。

注(1)イギリス人から英文による名古屋裁判長宛の要望書が届いている（２００９年12月）。保険会社の「この子らは生きていても会社的（社会的?）利益がない」という発言は、ナチス・ヒトラーの時代に戻るといえよう。日本国憲法がある以上、この発言は許されない。晃平君の死についてもっと真実を

追究すべきこと、そして、彼の死に対して政府も真剣に考慮すべきであり、社会が注目する課題である。

⑵当時来日したベトナムのドク君もお母さんの話に感動して支援会のニュースにのり、多くの人々の共感の輪がひろがりました。

⑶この話は『青年・成人期自閉症の発達保障』新見・藤本・別府編、クリエイツかもがわ、2010年のＰ158～166の一部から引用

私はお母さんの話の後、その日午後晃平君が死んだ施設の現場に行き、関係者の話を聞いた。施設の長は、電話での対応で、私のことは「よく知っている」（全国障害者問題研究会発足の発起人、現在も顧問をしているため）とのことだったが、会うことはできなかった。

その後、裁判のために何回も名古屋に行き、交流会にも参加した。

また、同時期に裁判が進められていた小池公夫氏・のり子夫人らがこの裁判を支援されたことも心強く感じ、共に学びあった。くわしくは川崎和代・井上英夫編『代読裁判―声をなくした議員の闘《たたか》い―』（法律文化社、2014年）

裁判所は障害者知らない―私の体験といきどおり―

私が、障害者教育が中心であったが、この人々の教育権保障とかかわって、文献的に関心をもったのは次の不就学の聴覚障害者の事件であった。

一九六五年一二月、いわゆる「蛇《じゃ》の目寿司裁判」が始まりました。ろうあ者が傷害致死で起訴された事件です。すし屋で話し合っていたろうあ者の二人連れが、他の客から手話を馬鹿にされてケンカになり、仲裁に入ったすし屋の主人をろうあ者が突き飛ばした、そしてたまたま打ち所が悪く主人が死亡した、という内容です。ケンカのきっかけがろうあ者差別に関連していたこともあり、東京の若いろうあ者が『守る会』を作って、罪は罪としてろうあ者の被告人の「知る権利」のために運動しました。法廷での手話通訳保障の問題を初めて提起し、追求したことで有名です。翌一九六六年の控訴審からは、この年4月にろうあ者として初めて弁護士となったM氏（一九六三年にろうあ者として初めて司法試験に合格）が弁護団に加わっています。

（全日本ろうあ連盟『50年のあゆみ』1998年）

当時の日本教職員組合などが、教育権保障とかかわって刑を軽くする運動もしていた。くわしくは大久保襄編『蛇の目寿司事件』（AB君守る会、1966年）の資料に残されている。

負けても勝つたたかい

１９７０年の運転免許裁判は、盛岡市のＡ氏が無免許で仕事上必要なモーターバイクを運転し、道路交通法88条違反で告訴された裁判である。

この裁判は、職業の選択の自由を中心に論戦が展開されたが、弁護士の予想通りに盛岡地裁で敗訴し、仙台高裁で控訴審が始まることになった。その際、科学的な判断資料を作成する鑑定人を弁護士から申請して受理され、引き受け手に立教大学文学部心理学科の豊原恒男教授をお願いすることができた。しかし、それからが大変であった。豊原教授は実験対象となるろうあ者の確保を求められ、休日のみでなく平日の動員も依頼されたので、東京都聴力障害者協会を中心に「みみより会」にまで協力をお願いし、延べ百名にもなる実験協力を行ったのである。

この鑑定結果は、１９７１年12月に仙台高裁に提出された。我が国で初めてのろうあ者の運転免許に関する科学的な調書としての歴史的な意義を持つものとしていた。

この鑑定内容が、一定の条件を附しながらも聴覚に障害を持つ人たちの運転の可能性を、明記とまでは言えないまでも、示した事実は否定できない。大きな期待を寄せられた鑑定書ではあったが、仙台高裁では地裁に続けて有罪の判決となった。最高裁判所にも控訴したが、憲法判断を避けた生活権の範囲のみの判決により裁判では敗れ去ったのである。

しかし、全日ろう連の運動は逆に盛り上がり、街頭に立っての運動や政府への陳情が繰り広げられていったのである。その結果、1973年8月に警察庁は道交法施行規則第23条の適性試験に補聴器の使用を認める通達を出すに至ったのである。そして、現在までに2万8412人の聴覚障害者が運転免許を与えられている。

また運動としてかかわったのは、1970年頃、福井市で労災による「脊髄損傷」の人から協力を頼まれた民事裁判であった。

車イスの支援者が多く傍聴した裁判だったが、開廷後はじめに裁判長が「起立」と言ったが、車イスの人は立てない。すると裁判長が「そこ立って下さい」と言った。

私が、「車イスの人も立てと言うのですか」と怒鳴ると、弁護士に「先生、まあまあ」となだめられた苦い思い出がある。

当時、裁判所の入口は立派で、建物の入口には御影石の20段の階段があった。裁判官が障害者の研修をしていないことは明らかであった。

国民には「良心に従って」と宣誓をさせておきながら、裁判官に「良心も理性もあるのか」と野次ったことを思い出す。

私の地元の京都でも、若くて切れ者の盲人弁護士・竹下義樹氏から京都地裁からの聴覚障害者（54歳。常習累犯窃盗事件）の精神鑑定人を頼まれた。私は「玉野事件」などを勉強し、京都地裁からの正式の要請で精神鑑定人を引き受けた。この仕事は主として医師がする場合が多いいが、手話通訳付きでややこしく、障害者の場合は大学の研究者が頼まれることもあった。しかし、1年がかりの仕事になるので断る研究者が多いと言われた。だが「コワイモノ知ラズ」（福井大学にいた時は、警察や検事によく抗議に行き、尾行が付き、非常勤のアルバイトを二つ首になった）の私は引き受けた。その時の鑑定書を、次に記すこととする。

常習累犯窃盗事件被告人A精神鑑定書

I　前文

私は、平成元年9月20日、京都地方裁判所裁判官S氏より、常習累犯窃盗事件に関して下記事項の鑑定を命ぜられた。

1. 意思伝達手段の有無と言語能力の程度
2. 言語能力修得の可能性
3. 精神諸能力の程度
4. 起訴状、黙秘権の告知を初めとする各訴訟行為の内容、証拠調べ等審理の伝達手段と理解

能力

よって、鑑定人は同日より鑑定に従事し、本件資料を詳細に検討し、数回にわたり、直接、被告人に面接、心理テストなどを実施した。なお、被告人がろう者であるので、U市役所のT手話通訳者の援助を得た。また、被告人の家族など関係者から、被告人の家族歴、発達歴、教育歴について資料を得るため、面接をおこなった。

それらの結果をもとに本鑑定書を作成した。

Ⅱ　家族と本人歴

A被告人は、○○○○（明治□年□月□日生れ。昭和63年5月死亡。T県出身）と××（昭和28年死亡）の間に、京都市下京区N町△番地で生れた。○○氏は先妻との間に2人の子どもがいた（男）が、特に障害はない。しかし、血族結婚といわれている××との間に生まれた6人の子の内、5人までが聴覚障害（先天性）である。

A被告人は、別紙のように先天性の感音性難聴であるが、この出現率は1万人に2人程度といわれる。血族的結婚内では多く発生するといわれているが、6人中5人ともが先天性の感音性難聴であり、遺伝的要因が大きいと考えられる。これらの兄弟と幼児期をすごしたことは、言語的環境としては貧しいといわざるをえない。そしていつも家にいた母は被告人が16歳の時死亡している。

就学前は5歳上の同じ聴覚障害の兄といっしょに遊んでいたといわれるが、第二次大戦が始まる前のきびしい社会であった。父は大工手伝いで母は働いておらず、6人の子を育てるのに大変で、家賃はとどこおりがちであった。

学齢期に達した昭和18年（戦争中）から2年足らず、当時府庁の近くにあった京都ろう学校に京都駅前からの電車でかよったが、2年目の夏以後は行っていない。本人も勉強がいやであったし、戦争がきびしくなる中で、学校自体も十分機能していないこともあり、中退している。

その後は、父とともに大工仕事をしていたらしいが、母の死亡した頃より、盗みを仕事場でするようになり、戦後できたU市の少年院に18歳頃から入るようになった。

地元では、おとなしい子であったが、話せないので友人もなく、父につれられての大工手伝いをする生活であった。その後、少年院、刑務所、拘置所の10数回のくりかえしで、刑務所出所後2、3カ月〜1年以内（40代に例外はあるが）に警察につかまり刑務所ということで、社会生活を送らない人生であった。

以上被告人の本人歴の特徴は、以下の点をあげられよう。

1）先天性聴覚障害であり、同居兄弟6人中5人が聴覚障害者であった。
2）聴覚障碍者にかかわらず、学校教育はうけてない（1年半で中退）ため、言語の発達が保障されなかった。
3）16歳で母をなくしてより、また戦後のきびしい社会状況の中で育っている。
4）刑務所などのくらしが多く、一般社会生活が少なかった。
5）教育を受けた聴覚障碍者集団との交流がなく、友人がなく、死亡した父以外、家族との関係もよくなく、孤立した人生を送ってきている（一時期同棲した女性はいたが）。

Ⅲ 本人の現在の発達の状態

1．聴覚障害について

被告人はK大学医学部附属病院T医師の診断書に示されるように、聾唖（両感音性難聴）で、120dBの聴覚障害者で、一般の話しことばはもとより、かなり大きな音でもわからないといえよう。

しかも、前述したように先天性のもので、生まれて以来聞こえないし話せない状態がつづき、52歳までに達したコミュニケーションとは身振りで、一部手話でも可能であるが、口話（相手の口の形で話しことばを理解すること）はできない。なぜなら、学校教育（口話教育）をうけていないが故である。

2．面接を通して

1）一般的常識

行動的レベルについては身振りを中心に理解していることがわかる。例えば、電車に乗る場合、自動券売機をどう利用していけばいいかなどよく理解している。自分の仕事についても身振り、手振りでくわしく説明する。

しかし、新聞や広告のチラシなどの文字は全く読めない。「みかん」「トマト」「牛乳」「大豆」は読めないのみならず、概念もわからない。1989年10月23日の京都新聞では、一面見出しの「複数政党に道開く」の「党」についてのみ理解して、選挙時の候補者の格好（タスキ）の身振りをする。他は全くわからない。

2）対人関係

表面的には自分が話せないので、相手に順応していく態度、行動が多いが、一度話を聞いてやろうという態度を見せると、一方的に自分のことを訴えまくる。一度質問したことについては、それとかかわった自分の体験をとめどもなく話すといった一方的コミュニケーションとなる。被告人は、いま相手が求めていることは何かといったことを理解することはできない。

3）　計算など

数字は20まで書け、指で10円、１００円、１０００円（1本指と〇の指で）を示すことはできるが、一般的に「５＋３＝　」「10円のミカン３こ買って、１００円出すとおつりはいくらか」などを考えることができない。生活場面では物を買う上での金の計算は困らないが、紙の上の計算、机上の応用問題など頭で考えることができない。

以下、知能テスト、ベンダー・ゲシュタルトテスト、バウムテスト、ロールシャッハテスト結果など略す。

Ⅴ　鑑定主文

以上のことから、以下鑑定する。

1．意思伝達手段の有無と言語能力の程度

書きことば、話しことばによるコミュニケーションの手段はなく、身振りと身振りに近い手話、表情という、限定された意思伝達能力しか持っていない。少しでも抽象的、構造的な意思伝達はできにくいといえよう。それ故、自分の行動の言語による制御が不十分である。言語の発達は、5、6歳レベル以下といえる。

2．意思伝達能力の修得可能性の可否

先天性の聴覚障害という生物学的要因に加え、発達上ろう教育の機会や同じ聴覚障害者集団の場が保障されなかったことが重なり、50歳余という年齢を考えると、被告人の意思伝達能力の修得の可能性はきびしいが、労働の場、聴覚障害者集団、社会教育の場が保障されれば、5、6年で労働能力の定着とある程度の精神発達の改善が期待できる。

3．精神的能力の程度

聴覚障害から二次的に精神薄弱があり、その遅れの程度は5、6歳で、日常生活上の障害はないが、社会参加上での障害となるといえよう。

その他、心理学的テストでは、精神障害や著しい人格障害を示す反応はない。全体として幼児的である。

4．起訴状、黙秘権の告知を始めとする各訴訟行為の内容、証拠調べ等審理の伝達手段の理解能力

「黙秘権の告知」についてくわしく分析的に討議した結果では、このことについての被告人

の理解能力の困難性が認められる。公判全体についても、その用語とその概念についても理解できないと考えられる。

以上

1989年2月13日

上記鑑定人　藤本文朗

この裁判が2年かかる中で、最も私が不審に思ったのは弁護士、手話通訳、私は変わらなかったのに、裁判官、検事は異動で変わっていき、以前の記録は見ているが、判決はその時の裁判官、検事である。記録だけですまされないので、公開の手話をつけての裁判であったはずである。

この事件は再鑑定となり、精神医が行い、ほぼ私と同じ結論であった。

さて、中味について責任能力という点では、鑑定人両名とも5歳以下としている。問題点は以下のことである。私の鑑定文を少しくわしく引用する。

ここでは、この問題の基本的問題ともいうべき黙秘権の告知のことを、これまでの被告人の諸能力からみて全体的に述べることとする。

「黙秘権の告知」について

これについては、これまでの公判において何度か多くの証人によって論ぜられたことであるか、これらを参考にしつつ、被告人との面接を通して、被告人の理解能力について述べることとする。

黙秘権の告知を「被告人に自分の不利益なことはいわなくてもいいという権利があることを被告人が知ること」と解し分析的に考えると、次のプロセスでの理解が必要といえよう。

①今後聞かれる内容（主として言語による）が、自分にとって損か得かの区別ができる能力
②不利益なことは（↓場合は）、……という仮定を構文として理解する能力
③権利という概念を理解する能力
④以上のことをいわれ（告知）、これを知る↓理解したかどうかを聞かれた人に伝える能力

①についていえば、被告人の言語レベルで、しかもこれら聞かれたことに自分が答えること

が、自分にとって損か得かを考え、理解することは、かなり抽象的で無理である。日常生活上の金銭についての損得はわかっても言語レベルでの損得は理解できない。

②①ともかかわるが、これからいわれることという仮定のこと（場合）をいう構文は理解できない。知能テストにおいて「（火事……）の場合、あなたはどうしますか」の問いに全く答えられないか、「……見たことがある」といった答である。これは手話や身振りでのコミュニケーションでは、「てにをは」の構文理解は限界があるためである。この理解には、口話教育による素地が必要といえよう。

③についていえば、権利という概念は、一般的に手話では理解できないし、「自分を守る」という手話にかえても、その概念を理解することは、知能テストの一般概念の理解の程度からみて明らかに難しい。

④以上のことが被告人に理解できなくても、「わかりましたか」と聞けば、年齢のいった聴覚障害者はプライドもあり、習慣的にうなずく場合が多く、被告人がうなずいたから理解できたと考えるのは正しくない。告知の判断が難しい。よほど時間をかけて理解しているかどうかをチェックしないと、告知の確認はとれない。

以上のように、「黙秘権の告知」についても、被告人の理解能力の困難性が認められるが、公判全体についての理解もいろいろの困難があるといえよう。例えば、起訴状、審理のやりととりに出てくる用語、概念（例えば「任意」「強制」「捜査」）が理解できないと考えられる。被告人の公判についての理解は、「つかまる」「拘留」「裁判」「刑務所」「出所」「つかまる」…のパターン化された理解（10数年間の経験を通して）だけで、公判の内容について理解する能力は欠けるといえよう。

松本晶行弁護士編集『聴覚障害者と刑事手続』（ぎょうせい出版、1990年）では、捜査官は「言いたくないことは、言わなくてもいい。話す以上、正直にほんとうのことを言いなさい」という趣旨の告知が一般的と述べている。

この裁判は支援運動がなく、私たち研究者が「障害者と裁判」問題研究会を作り、アメリカの判例、全米ろう者法律センター、ミランダ警告など勉強した。（「聴覚障害者の黙秘権理解」66～81頁、文責・玉村公二彦（現奈良教育大学教授）、「障害者教育科学」No.23、1991年7月参照）。

竹下弁護士は「この事件で一審は懲役2年になり、教育を受けない聴覚障害者の逮捕、論告、弁論で手話通訳がついても本人にどの程度わかるか？」という主旨のことを述べている（前掲『聴覚障害者と刑事手続』第5章座談会）

裁判所に障害者問題をどう理解してもらえるかのたたかい

前述の小池公夫氏「代読裁判」の支援に法廷に行き、その後の交流会で学んだことは、裁判官にどう理解してもらうかの努力をする他はないということだった。

晃平くん事件の岩月、中谷弁護士のねばり強い法廷でのやりとりを見て、「怒る」だけではダメと感じ、ある週刊誌の記事をきっかけに左記の意見書の作成に向けて活動した。

○　○　○

自閉症障害をもつ人々（重度知的障害）の一般就労の実態

滋賀大学名誉教授（博士）　藤本文朗

私は50年余自閉症の教育・福祉の研究と臨床、養護学校校長として教育相談にかかわってきました。また、自閉症の論文・著書を国内外で20編以上発表してきました。その立場から意見を申し述べます。

重度の知的障害をもつ自閉症の人にも、発達の可能性があります。それだけではなく、私が調査したところによりますと、伊藤晃平さんと同じ程度の障害がある人でも就労の条件を保障すれば、一般就労して月14万円以上の賃金を得ている人が全国で少なくとも数十名以上いることがわかりました。

この事実をしっかり理解したうえで裁判をすすめていただきたいと思います。次に私自身が、上記の人たちが就労している会社などについて現場でたしかめたことを述べます。

1 その前に「社団法人全国重度障害者雇用事業所協会」について述べます。同協会は20年ほど前に設立され、重度障害者の雇用をめぐる諸問題を解決するための調査・研究や研修、さらには雇用管理に関する相談・援助等の事業を行っています。重度障害者の人々を雇用している事業所300社余りが同協会の会員になっています。同協会の会員事業所で就労している知的障害者は2000人余りいるとの調査があります（2010年）。

2 私が現場（会社）で直接調査した「ダイキンサンライズ摂津（大阪）株式会社」は、平成6年よりダイキン工業の特例子会社として48名の社員で43名の障害者を雇用しています。知的障害者は6名、内2名が自閉症です。24歳の女性社員は明白に自閉症ですが、きめられた「組立作業」を午前8時30分～午後5時まで行い、月14万円以上の月収で一般就労をしています。

雇用している同社の社長さんの話では「こちらの言うことの理解さえあれば就労できます。

しかし少々パニックの時もあります。それでも、会社は黒字でもうかっています」とのことでした。

3　同じ大阪の株式会社かんでんエルハート（関西電力（株）の特殊子会社）住之江ワークセンターでも、知的障害者52名、重度障害者は9名、内2名が自閉症の方が雇用されています。仕事は、園芸、印刷などで、26歳の自閉症の方は午前9時~午後5時まで園芸の仕事（花作り）をこなし、一般就労をしています。そして、この一般就労では14万円以上（残業もある）の月収があり、ボーナスも出ています。

関西電力株式会社としては1・8%の雇用率をクリアするためということもある（重度障害者1名の雇用は2名の障害者の雇用とカウントされる）が「重度の人を雇用するのは会社として当たり前の社会貢献（共生）である」とのことでした。

4　川崎市のチョークを作る日本理化学工業株式会社は、56名の知的障害者を雇用しています。内重度障害者は28名です。電話で聞いたところでは、40歳の男性はコミュニケーションのとりにくい自閉症と考えられますが、前述のケースと同じように一般就労をして14万円の月給があるとのことでした。

今日、一般就労は重度障害者であっても雇用条件を保障すれば可能であるということでした。

日本で、今、すべての重度の自閉症の方が一般就労できるとはいえませんが、伊藤晃平さんは、まだ高校1年生ですので発達の可能性もあり、上に挙げた自閉症の方のケースに近く、上記の会社のように労働条件が保障されれば一般就労できるといえます。この事実を十分理解して裁判してほしいと思っています。

以上

2011年11月8日
住所　京都市東山区今熊野南日吉町13
氏名　藤本文朗

名古屋地方裁判所　御中

○　○　○

私の意見書は法廷で2011年11月8日に取り上げられ、被告弁護士の反論もなく裁判官の表情もよく理解されたと感じた。

そのあと和解を勝ちとるまで、前述の小池氏の代読裁判に学び、裁判官あての要請書の署名をメールなどを利用して1000筆ほど集めた。

お母さん、市民の力、若月、中谷弁護士の力、被告も和解に応じざるを得なかったと思う。

しかし、全国的に見るとこのような事件は多くの所であり、保護者は「泣き寝入り」している例の方が多いと言えよう。

障害者権利条約を批准した日本の裁判でもこの事件など教訓に、やっと「合理的配慮」によって改善（例えば黙秘権の告知）に向けての討論がされるべきと考える。

あとがき

この本を伊藤晃平君の仏前にささげる。晃平君はこの本を通して生きつづける。

本書の刊行まで和解から数年が経ったが、出版の意義は大きい。岩月弁護士も本書で述べられているように（94頁）、

「和解で認められた逸失利益の水準は、「最重度知的障害児」のレッテルを貼られた無発語の例として、画期的なものだということは確信を持って言える。

しかし、残念ながら、判決に比べれば、和解は、はるかに影響力は小さい。裁判の歴史の中に、これを確実に残していきたいという思いは強い。」

この和解のプロセス、結果を、今後のこの分野の裁判に生かしてほしい。

この本で読者に訴えたいことを、私なりにまとめてみる。

藤本文朗

第一は、この本の最初に晃平君のお母さんが書かれているように、民事裁判をする勇気である。無論、学校や親戚（とりわけ故落合幸次《こうじ》氏）の支えがあったが、親として「許せない」、裁判に訴えてでもたたかおうという勇気《パッション》である。

障害者運動はこの半世紀、大きく前進したとはいえ、こんにちの社会を覆う日本型新自由主義競争と社会的格差の拡大、異質なものを認めない傾向で、障害者に無関心の人もふえている。

そして、晃平君のお母さんに対しては障害児をもつ親から、「お世話になった施設を訴えるなんて」との声が聞かれた。それでも翻ることのなかったお母さんの決意が、この世の光（晃平＝公平）となって運動を拡げていったといえよう。「人間のいのちは地球より重い」こと、お金にはかえられないことを知ってほしい。

第二は、二人の弁護士の力であろう。頭が切れるうえ教養が豊かな岩月弁護士、努力家で人を組織する力のある中谷弁護士コンビの法廷でのやりとりのうまさと論理性に、臨床心理家のはしくれの私も驚嘆した。裁判員の表情の中で晃平君は生きていると思った。

第三は、支援者と報道。中日新聞、朝日新聞、毎日新聞の力が世論をつくり、裁判に真の意味で力になった。

支援する会のホームページに掲載されていることばを引こう。

「勝訴しても失われた命が戻る訳ではありません。しかしこれが障害者を始め弱者の人権の尊重を前進させるなら、ひとつの花を咲かせたことになるでしょう。「一粒の麦もし地に落ちて死なずば、ただひとつにてあらん。死なば多くの実を結ぶべし」(sleeping bear)」

この本を読むたびに涙が出る。ひとりでも多くの人に読んでほしい。最後に、風媒社の劉永昇編集長には本当に、長らくお世話になったことを記しておく。

二〇一六年二月

[編者略歴]

藤本 文朗

1935年、京都府生まれ。滋賀大学名誉教授。京都大学大学院修了（マスターコース）、1993年「障害児教育の義務制に関する教育臨床的研究」で東北大学教育学博士。「ベトちゃん、ドクちゃんの発達を願う会」代表、全国障害者問題研究会顧問、人間発達研究所相談役。著書多数。京都オムロンヒューマン大賞（2005年）、ベトナム大統領人民友好賞（2006年）

中谷 雄二

1955年、京都府生まれ。名古屋共同法律事務所 弁護士。秘密保全法に反対する愛知の会共同代表。名古屋三菱朝鮮女子勤労挺身隊事件、名古屋イラク自衛隊派遣差止訴訟などの平和訴訟、中部電力人権裁判など労働事件、名古屋南養護学校体罰事件、中津川代読裁判など障害のある人の事件などに代理人として関与。著書に、内藤功著／聞き手 中谷雄二・川口創『憲法九条裁判闘争史』（かもがわ出版）、中谷雄二・近藤ゆり子『これでわかる！「秘密保全法」ほんとうのヒミツ』（風媒社）など

岩月 浩二

1955年、生まれ。1982年、弁護士登録。守山法律事務所（名古屋市）。街場の弁護士一筋。最初に入所した事務所で「不正義に対しては、まず動け。理屈は後で付いてくる」との教えを受けた。湾岸戦争以来、市民平和訴訟に加わり日本の対米従属のありようを痛感。人の命を軽んじる根本にグローバリズムがあることを確信し、TPP反対運動に参加。現在、TPP差止訴訟弁護団共同代表など。著書に『TPP 黒い条約』（共著、集英社新書）など

晃平くん「いのちの差別」裁判

重度障害者の〈生命の価値〉を認めて

2016 年 4 月 15 日　第 1 刷発行　（定価はカバーに表示してあります）

編　者　藤本 文朗
中谷 雄二
岩月 浩二

発行者　山口　章

発行所　名古屋市中区上前津 2-9-14　久野ビル
振替 00880-5-5616 電話 052-331-0008
http://www.fubaisha.com/
風媒社

＊印刷・製本／モリモト印刷　乱丁本・落丁本はお取り替えいたします。

ISBN978-4-8331-1115-7